MEININGERS

CRAFT Bier-Bars

Pubs, Bars, Restaurants

Die 100 besten Craftbier-Lokale in Deutschland

MEININGER VERLAG

INHALT

BIER-KNOW-HOW

LEGENDE

- warme Küche
- Biergarten / größerer Außenbereich
- kostenloses WLAN
- barrierefrei
- Kartenzahlung möglich

Mit welchen Extras punkten die Bars? Diese Zeichen informieren auf den ersten Blick.

HINWEIS

Die Öffnungszeiten der Lokale entsprechen dem Stand bei Redaktionsschluss.
Gerade mit Blick auf Ruhetage und saisonale Anpassungen bitten wir darum, diese vor einem Besuch aktuell zu prüfen.

FOTO: FINNE

Brauen und probieren: Finne, Münster Seite 78

HEREIN MIT EUCH!

Kaum etwas ist süßer als die Qual der Wahl. Freunde des guten Bieres dürften diese haben, schaut man sich hierzulande um. Immer neue Pubs, Bars und Restaurants eröffnen und legen ihren Fokus ganz bewusst auf interessante, handwerkliche und besondere Biere. Solche, die für höchste Braukunst stehen und Geschichten erzählen von den Frauen und Männern, die sie gebraut haben. Die Zeiten, da viele Biere einander viel zu ähnlich waren, sind zum Glück vorbei. Auf guten Geschmack muss man sich trotzdem verlassen können. Den meisten Gastronomen ist dies oberstes Gebot. Das gilt für die Biere und die darauf abgestimmten Speisen gleichermaßen.

In diesem Buch präsentieren wir die besten 100 Bierbars der Republik. Es sind solche mit wirklich feinsten Bieren und hervorragenden Speisen, dem schönsten oder eigenwilligsten Interieur, mit kreativen Macherinnen und Machern und insgesamt bestechend einladenden Konzepten. Egal, ob ihr euch im Seebad Binz an der Ostsee tummelt oder tief im Süden des Landes weilt – lasst euch von dieser Auswahl an Adressen (ver-)führen, orientiert euch und kehrt ein. Ein Besuch lohnt ganz bestimmt.
Der hintere Teil des Buchs bietet neben einer Sammlung von 30 Top-Shops viel Wissenswertes rund um (Craft-)Bier.

Euch zum Wohle!

Marika Schiller und Benjamin Brouër
Chefredakteurin und Redakteur MEININGERS CRAFT

DIE 100 BESTEN BIERBARS

Hamburg & Schleswig-Holstein

Hamburg und Bier, das hat Tradition. Schon im 12. Jahrhundert war die Hafenstadt als „Brauhaus der Hanse“ bekannt. Die damalige Vielfalt kehrt langsam zurück, spannende neue Brauereien und Gastronomieobjekte bereichern die Stadt. Und das auch im nördlichsten Bundesland der Republik.

Craft Beer Days: Altes Mädchen, Hamburger Schanzenhöfe Seite 17

FOTOS: MALTO

Malto

Der Brewpub Malto im Herzen Altonas ist das **Herzensprojekt von vier Freunden**. Dass der Großteil von ihnen aus Italien kommt, erkennt man nach einem kurzen Blick auf die Speisekarte. Es gibt hausgemachte Focaccias mit Antipasti sowie deutsche und italienische Käse- und Wurstspezialitäten. Ausgeschenkt wird alles, was die **hauseigene Brauerei** Birrificio Shanghait auf ihrer 80-Liter-Anlage produziert. Neben dem Dauerbrenner „Prima Cotta IPA" sind wöchentlich auch neue Kreationen dabei. Fremde Brauereien dürfen ebenfalls an den Hahn. Unter den Flaschenbieren findet man auch alkoholfreies und glutenfreies Bier. Ansonsten gilt: Verkauft wird, was man nicht im normalen Getränkehandel bekommt.

Schließlich will das Malto seinen Besuchern etwas Besonderes bieten. Dazu gehört auch, dass die Küche an Feiertagen **außergewöhnliche Menüs** zaubert und jeden Gang gemeinsam mit dem dazu passenden Bier (oder Wein) kredenzt. Das alles in ganz unaufgeregter Atmosphäre. Schließlich soll sich im Malto jeder wohlfühlen.

➔ Max-Brauer-Allee 88
22765 Hamburg
Tel: 0151 65123391
www.facebook.com/maltobrewpub

INFO

Special: Biere aus der hauseigenen Nano-Brauerei

Fassbiere: 8 bis 12

Flaschenbiere: >12

Food-Angebot: Focaccia, Antipasti, Käse- und Wurstspezialitäten

Sitzplätze: 40 innen & 25 außen

Öffnungszeiten: Mo-Do 18-24 Uhr, Fr/Sa 18-2 Uhr

FOTO: ARNE VOLLSTEDT

Störtebeker Elbphilharmonie

Dem Flagship-Objekt der Störtebeker Braumanufaktur im neuen Wahrzeichen Hamburgs gelingt es, die Themen **Bier und Genuss** überzeugend miteinander zu verknüpfen – sowohl kulinarisch als auch optisch. Das im 5. Obergeschoss beheimatete eigentliche Restaurant samt Bar, das unter dem Motto „Beer & Dine" läuft, setzt auf gehobene nordische Küche und entsprechende, vielfältige Bierbegleitung.

Auf bis zu 21 verschiedene Störtebeker-Biere ist die Schankanlage ausgelegt. Ob Feierabendbier samt Snack oder mehrgängiges Menü, ob Dinner für zwei oder Kennenlernen an der langen Tafel in der „Channel Lounge" – für jeden Anlass gibt es den passenden Platz. Star des Raumes bleibt der **Panoramablick** auf das Geschehen rund um die **Landungsbrücken.**

Im 6. Obergeschoss geht es um „Taste & Shop". Dort finden regelmäßig Bierseminare und Biersommelier-Abende statt, Gäste können zahlreiche Andenken erwerben oder sich ihren Growler mit einem der vielfältigen Störtebeker-Biere für zu Hause befüllen lassen, garantiert ohne Frischeverlust.

➔ Platz der Deutschen Einheit 3
20457 Hamburg
Tel: 040 60533810
www.stoertebeker-eph.com

INFO

Special: grandiose Aussicht auf das Hafengeschehen

Fassbiere: 14 + saisonale Biere, gezapft wird mit zum Bierstil passenden Temperaturen

Flaschenbiere: 5 inkl. Bier-Mix

Food-Angebot: nordische Spezialitäten aus gehobener Küche mit saisonalen Zutaten, Gerichte und Menüs variieren je nach Tageszeit und Anlass

Sitzplätze: 97 Plätze im Restaurant, 75 an der Bar, 32 in der Verkostungs-Location

Öffnungszeiten: täglich 9 bzw. 10 Uhr bis open end

FOTO: KAI-HENDRIK SCHRÖDER

Tipsy Baker Bar

Herrengedeck is back! Die Tipsy Baker Bar feiert die altbewährte Kombi aus Bier und Schnaps und interpretiert sie doch neu. Die Idee für das Konzept liefert das historische Gebäude, in dem sich die Bar befindet. Mehr als ein Jahrhundert wurde hier Brot gebacken. Die denkmalgeschützten Wandvertäfelungen, auf denen Bauern bei der Ernte zu sehen sind, erinnern noch daran. Diese Geschichte haben Inhaber Bruno Kilzer und Geschäftsführer Karim El-Shaikh nun weitergesponnen und **Getreide zum leitenden Thema erklärt**.
So bekommt jedes Bier, das aus einem der zehn Hähne fließt, den perfekten Schnaps zur Seite gestellt. Wie wär's etwa mit „Bittersweet Symphony", bestehend aus dem BrewDog „Elvis Juice" und hausgemachtem Blutorangenschnaps. Passend dazu wird immer auch eine kleine Brotzeit serviert.

Neben diversen Getreidespirituosen – solo oder in Longdrinks, Cocktails und Eigenkreationen – gibt's eine **große Auswahl an Aquavit**, der Spezialität aus dem hohen Norden. So etwa den Nordic Mojito oder den Copenhagen Mule. Macht nicht nur Bäcker beschwipst!

➔ Esplanade 29
20354 Hamburg
www.facebook.com/tipsybakerbar

INFO

Special: Herrengedeck kreativ und neu gedacht - viel mehr als „lütt un lütt" (norddeutsch für Bier und Korn)

Fassbiere: 10, davon 5 fest

Flaschenbiere: 3

Food-Angebot: Brotzeit mit Butter und Gurken

Sitzplätze: 40 innen

Öffnungszeiten: Mo/Di 17-1 Uhr, Mi/Do 17-2 Uhr, Fr/Sa 17-3 Uhr

FOTOS: OORLAM

Oorlam

Die Oorlam Bar vereint das Können ihrer beiden Gründer: Simon Siemsglüß von der **Buddelship Brauerei** liefert das Bier für 10 der 15 Zapfhähne – an die restlichen fünf lässt er befreundete Brauereien. Seine Partnerin Nienke Oostra von der Brennerei De Filosoof Jenever kümmert sich um die Spirituosen, allen voran den traditionellen **Wacholderschnaps Jenever**. Den brennt sie aus den unterschiedlichsten Getreiden und verfeinert ihn mit Nelken und Zimt, Rosen und Holunder oder auch Aromahopfen.

Was könnte die Spezialität des Hauses also anderes sein als ein ganz besonders fein ausbalanciertes, **craftiges Herrengedeck**. Mit ihrer modernen und gemütlichen Einrichtung erinnert die Eckkneipe mitten in Hamburg-Neustadt ein wenig an Bars in **Amsterdam**.
Das ist kein Wunder, schließlich hat Nienke dort zehn Jahre gelebt.
Als kleiner Snack zum Bier wird daher zum Beispiel auch echter Amsterdamer Käse gereicht.

➔ Kohlhöfen 29
20355 Hamburg
Tel: 0176 34367697
www.facebook.com/Oorlambar

INFO

Special: Herrengedeck aus Craftbier und Jenever

Fassbiere: 15 Zapfhähne, wechselndes Angebot

Flaschenbiere: 20 wechselnde Abfüllungen besonders exklusiver Biere

Food-Angebot: Käse frisch aus Amsterdam, Salami aus Frankreich, fermentierte Snacks

Sitzplätze: 38 innen + Außenplätze

Öffnungszeiten: Mi-Fr 16-22 Uhr, Sa/So 12-22 Uhr

FOTOS: NOVAK DAY PHOTOGRAPHY

Albers Bar

Die Albers Bar bringt Craftbier direkt auf die Hamburger **Reeperbahn**. Optisch schmiegt sie sich galant in die unkonventionelle Nachbarschaft mit den knallrot gestrichenen Wänden und den großformatigen Portraitdrucken, die die ganze Bandbreite der Menschen im Kiez zeigen. Wer auf den Tischen **Abdrücke von Stöckelschuhen** erkennt, dem sei erklärt: Die Holzbohlen dienten einst als Fußbodenbelag in einem Bordell. Und das Buffet hinter der Bar stammt aus einer über 100 Jahre alten Apotheke.

So weit, so normal. Erst ein Blick in die Getränkekarte zeigt, dass die Albers Bar sich doch ein wenig von ihren Nachbarn unterscheidet. **Neun Fass- und acht Flaschenbiere** stehen zur Auswahl. Viele davon stammen von der Hamburger Landgang Brauerei, wie das „Dunkle Macht" der „Prollbock". Auch eine Reihe von Biercocktails sind im Angebot, zum Beispiel ein Weizen IPA Sprizz. Wer sich als Teil des Treibens auf Hamburgs berühmtester Vergnügungsmeile fühlen möchte, ohne von den Massen mitgesogen zu werden, dem sei besonders der **Balkon** der Albers Bar empfohlen.

➔ Reeperbahn 102
20359 Hamburg
Tel: 040 29824888
www.albers-bar.de

INFO

Special: Craftbiergenuss mitten auf der Reeperbahn

Fassbiere: 9 (7 fest, 2 wechselnd)

Flaschenbiere: 8

Food-Angebot: Nachos und wechselnde Barsnacks

Sitzplätze: 80 innen, 17 auf dem Balkon

Öffnungszeiten: Mo-So 18.30 Uhr - Open End

Alles Elbe

Im Norden von Sankt Pauli, in dem ruhigen Streifen zwischen Kiez und Schanze, versteckt sich der Brewpub Alles Elbe. Drei Stufen führen nach unten in die Gasträume, dort verschaffen Kerzenschein und ein alter Plattenspieler stimmige Gemütlichkeit. Im Sommer kann man auch in dem **kleinen Biergarten** im Innenhof herrlich entspannen. Die Kinder buddeln im **Sandkasten**, die Erwachsenen versinken in der Bierkarte. Kieznachbarn und Touristen aus aller Welt staunen dann gleichermaßen, welche unerwarteten Schätze man im Alles Elbe findet.

Denn der Name ist Programm und die Auswahl noch etwas mehr Nische als in anderen Craftbier-Lokalen: Angeboten werden ausschließlich Speisen und Getränke, die **entlang der Elbe** produziert werden. Somit stammen die Biere und Wurstspezialitäten vor allem aus Tschechien, Berlin und dem Großraum Hamburg. Besonders beliebt sind zudem die **selbstgebrauten Biere**, welche die Inhaber Jennifer und Nigel höchstpersönlich auf einem 50-Liter-Braumeister herstellen.

➔ Hein-Hoyer-Straße 63
20359 Hamburg
Tel: 040 28474009
www.alleselbe.de

INFO

Special: Schätze aus dem Sandkasten

Fassbiere: 8

Flaschenbiere: 30

Food-Angebot: Stullen und kaltes Abendbrot mit regionalem Aufschnitt und Käsespezialitäten, hausgemachte vegane Dips

Sitzplätze: 35 innen, 25 außen (Saison von März-Oktober)

Öffnungszeiten: Mo-Sa ab 18 Uhr

ÜberQuell

Neues Leben in den traditionsreichen Riverkasematten direkt am Hamburger Hafen! Seit Sommer 2017 belebt das ÜberQuell mit einem trendigen **Mix aus Mikrobrauerei, Brewpub, Pizza-Restaurant und Terrasse** die legendären Räumlichkeiten. Die klassisch bis innovativ belegten Pizzen werden in zwei nach traditioneller, neapolitanischer Art gemauerten Pizzaöfen bei fast 500 Grad Celsius in knapp 90 Sekunden knusprig gebacken.

Die passende Bierbegleitung wird gleich nebenan auf einer 15-Hektoliter-Anlage gebraut. Monatliche Sondersude in limitierten Mengen und weitere Seasonals ergänzen das ÜberQuell-Stammsortiment, das derzeit aus fünf Sorten – vom Original bis zum White IPA – besteht. Näher als im Brewpub kann man dem Bier kaum kommen. Weder Fenster noch Tür trennen die Gäste von der Mikrobrauerei. Über der Theke des Brewpubs thronen **fünf Ausschanktanks**, aus denen das ultrafrische Bier direkt gezapft wird. Im ÜberQuell vereinen sich Handwerk, Freestyle, Street-Art und Soul Food zu einer spannenden Mischung.

➔ St. Pauli Fischmarkt 28-32
20359 Hamburg
Tel: 040 334421260
www.ueberquell.com

INFO

Special: Mini-Museum mit Highlights aus der internationalen und Hamburger Biergeschichte

Fassbiere: 31 Zapfhähne (verteilt auf alle Bereiche)

Flaschenbiere: wechselndes Angebot von befreundeten Brauern

Food-Angebot: neapolitanische Pizzen, Salat Bowls, Käse- & Wurstplatten

Sitzplätze: 80 im Restaurant, 80 (Sitz- und Stehplätze) im Brewpub, 150 auf der Terrasse

Öffnungszeiten: Mo-Do ab 17 Uhr, Fr-So ab 12 Uhr
Brewpub: Do-Sa ab 17 Uhr

Altes Mädchen

In den Schanzenhöfen in Hamburg versteckt sich das Braugasthaus Altes Mädchen. Dabei ist das Lokal gar nicht klein, sondern einfach nur gut vom restlichen Trubel in **Hamburgs beliebtem Ausgehviertel** abgeschirmt. Im Sommer genießt man die endlosen Hamburger Nächte im **großzügigen Innenhof,** im Winter kuschelt man sich in der gemütlichen Gaststube an den Kamin. Immer mit einem guten Bier in der Hand, das teilweise direkt vor Ort gebraut wird. Denn in direkter Nachbarschaft, also einmal quer über den Hof, befindet sich die **Ratsherrn Brauerei**. Dort kann man, gläsernes Sudhaus sei Dank, einen Blick auf den Brauprozess erhaschen. Die Ratsherren-Biere sind im Alten Mädchen prominent vertreten. Doch wer auf die Getränkekarte schaut, die aktuell rund 80 Biere aus der Flasche und 30 vom Hahn umfasst, der sieht sofort, dass hier noch zahlreiche andere Brauereien zum Zug kommen. Dazu werden **regionale Speisen** mit Zutaten aus ökologischem Anbau serviert. Das Brot stammt aus der eigenen Bäckerei.

➔ Lagerstraße 28B
20357 Hamburg
Tel: 040 800077750
www.altes-maedchen.com

INFO

Special: Braugasthaus mit Brauereianschluss

Fassbiere: 30

Flaschenbiere: 80

Food-Angebot: regionale Speisen, Stullen aus der hauseigenen Bäckerei

Sitzplätze: 150 innen, 68 außen

Öffnungszeiten: Mo-Do 12-1 Uhr, Fr/Sa 12-2 Uhr, So 10-1 Uhr

FOTO: RUDOLFO RODRIGUEZ PHOTOGRAPHY

Galopper des Jahres

Feiner Biergenuss an groben Tischen – dieser Satz auf der Getränkekarte des Galopper 73 fasst das Konzept der Bar im Hamburger Schanzenviertel bestens zusammen. **„Kein Industriebier"** steht in dicker weißer Schrift auf der Tafel hinter der Bar. Die Einrichtung besteht aus rustikalen Holz- und Metallmöbeln, aus zwölf Zapfhähnen sprudeln Spezialitäten von Craftbier-Brauereien aus aller Welt. Sieben Hähne sind mit festen Sorten belegt, darunter das Berliner „Rollberg Rot", der „Prototyp" von Kehrwieder oder das „Ricklinger Pils". An den anderen fünf Hähnen wechselt das Angebot beinahe im **Tagesrhythmus**. Die Gäste honorieren das. Seit letztem Jahr ist das Pils nicht mehr der Verkaufsschlager. Das Zwickel hat es abgelöst, Pale Ale ist ihm dicht auf den Fersen.

Von Sonntag bis Donnerstag kann man sich im Galopper 73 ganz bequem am Tisch bedienen und ausführlich beraten lassen. Freitag und Samstag werden die Tische beiseitegeschoben, nur so lässt sich der **Ansturm der Gäste** halbwegs bewältigen.

➔ Schulterblatt 73
20357 Hamburg
Tel: 040 43093975
www.dreiundsiebzig.de/galopper-des-jahres

INFO

Special: extrem gute und vielfältige Bierauswahl

Fassbiere: 12 Craftbiere aus aller Welt, täglich neue Taplist

Flaschenbiere: ca. 30, täglich wechselnde Bottle- and Canlist

Food-Angebot: nix da

Sitzplätze: 60 innen, 50 außen

Öffnungszeiten: Mo-Mi 17-3 Uhr, Do-Sa 17-5 Uhr, So 12-2 Uhr

FOTOS: GUTENBERG

Gutenberg

Restaurant oder Bierkneipe? Das Gutenberg in Kiel ist ein guter Mix aus beidem. Die Location hat dazu beigetragen, Craftbier in Kiel bekannter zu machen. Zwölf Zapfhähne findet man schließlich nicht überall!

Die Hälfte ist mit bekannteren Bieren wie Flensburger, Maisel's Weisse oder Grevensteiner besetzt. Auf der anderen Hälfte tummeln sich die **buntesten und verrücktesten Kreationen der Szene**. Die dänische Brauerei To Øl ist fast immer vertreten, ansonsten wechselt das Angebot und präsentiert Biere sowohl nationaler als auch internationaler Brauereien, so dass die Kieler stets etwas Neues entdecken können.

Die Speisekarte lässt keine Wünsche offen. Ob **saftiger Hamburger**, knuspriger Flammkuchen oder knackiger Salat – hier kommt kulinarisch jeder auf seine Kosten. **Fußball- und Handballspiele** werden auf zwei großen Leinwänden übertragen. Wenn Bundesliga läuft, öffnet das Gutenberg sogar extra eher seine Türen. Schließlich soll keiner durstig den Anpfiff verpassen.

➔ Gutenbergstraße 66
24118 Kiel
Tel: 0431 2200889
www.gutenberg-kiel.de

INFO

Special: Sport und Craftbier aufs Beste vereint

Fassbiere: 12 Zapfhähne

Flaschenbiere: 7

Food-Angebot: Burger und regionale Küche

Sitzplätze: 90 innen + zwei Clubräume (15/20) und 45 außen

Öffnungszeiten: täglich ab 17 Uhr, bei Bundesliga-Spielen ab 15 Uhr

FOTO: HOPFENLIEBE

Hopfenliebe

Das Brauhaus Hopfenliebe steht für **Bürgernähe**. Drei der vier hauseigenen Fassbiere tragen die Namen von **Norderstedter Bezirken**:
„65er Harksheider" Pale Ale,
„65er Friedrichsgaber" Heller Bock und
„65er Glashütter" Weizen IPA. Wann denn auch Garstedt und damit der vierte Stadtteil am Hahn sei, danach wird Rajas Thiele-Stechemesser, Hopfenliebe-Chef und Biersommelier, bald jeden Tag gefragt. Bald, verspricht dieser und verrät, dass die 65 im Namen der Biere für sein Geburtsjahr steht. Man will ja was zu erzählen haben…

An den übrigen acht Zapfhähnen sind diverse Craftbiere. Sie wechseln viermal im Jahr, ähnlich wie die Gerichte auf der Speisekarte, die sich an den Jahreszeiten orientiert. Hier finden sich Tapas-Variationen und Matjes, aber auch Süßkartoffelpommes und Leberkäse. Das Brot wird aus **Biertreber** gebacken, der im Keller beim Brauen anfällt. Das Ambiente? Die Wände sind mit alten **Schiffsplanken** verkleidet, das Mobiliar folgt klaren Linien. Ach, einen Bierstore und einen Ticketshop, der Konzertkarten für die ganze Republik verkauft, gibt's außerdem.

➔ Rathausallee 60
22846 Norderstedt
Tel: 040 30987243
www.hopfenliebe.de

INFO

Special: Biere von den Stadtbezirken Norderstedts inspiriert

Fassbiere: 12, 4 hauseigene Fassbiere, 8 wechselnde Bierspezialitäten

Flaschenbiere: 77 internationale Biere

Food-Angebot: deftig bis feine, leichte Küche, regionale und saisonale Gerichte

Sitzplätze: 144 innen, 100 außen

Öffnungszeiten: Di-Do 16-24 Uhr sowie Fr/Sa 16-1 Uhr

Bremen & Niedersachsen

Achtung, Einheitspils, du bekommst auch in deinen angestammten Landstrichen Konkurrenz! Angetrieben von engagierten Gastronomen kämpft sich die neue Bierbewegung sogar in kleinere Städte wie Uelzen und Lingen vor. Hier geht noch was!

FOTO: JO'S FOOD AND CRAFT

Lokales Bier am Hahn: Jo's Food and Craft, Hannover Seite 31

Craft Bier Bar Bremen

Mit sage und schreibe **40 Zapfhähnen** dürfte das Fassbierangebot in der Bremer Craft Bier Bar zu einem der größten in Deutschland gehören. Es ist das jüngste von drei Objekten von Gastronom Michael Solms, der weitere Craft Bier Bars in Hannover und Braunschweig betreibt. Dass er seit einiger Zeit zudem exklusiv Biere importiert, freut den norddeutschen Bierfan auf der Suche nach immer **neuen Entdeckungen**.

Die Tap-Tafel hinter dem Tresen und die zusätzliche Karte für Flaschenbiere – auch noch einmal gut 100 Stück – lassen keine noch so speziellen Wünsche offen. Das **bierverrückte Personal** hilft gerne bei der Orientierung. Rund 100 Gäste finden auf Hockern, Stühlen und Tribünenstufen Platz, genießen die **urige Atmosphäre** samt vielen bierigen Details oder duellieren sich am Shuffleboard-Tisch.

➔ Am Wall 175
28195 Bremen
Tel: 0421 98885794
www.facebook.com/CraftBierBarBremen
www.wehopyou.de

INFO

Special: riesiges Fassbierangebot, Shuffleboard-Tisch

Fassbiere: 40 Zapfhähne

Flaschenbiere: fast 100

Food-Angebot: westfälische Bockwürste, Popcorn for free

Sitzplätze: über 100 innen, ca. 40 außen

Öffnungszeiten: Di-Do 17-1 Uhr
Fr/Sa 17-2 Uhr

Heldenbar

Die Bänke, Hocker und Tische sind aus **Europaletten** gezimmert. Aus den Boxen schallt vom Barkeeper ausgewählte Musik. Und überhaupt ist die Heldenbar eine ziemlich **entspannte Adresse**. Egal, ob man zum Pubquiz, zu einem der **kleinen Konzerte** oder einfach wegen des guten Biers vorbeigekommen ist. Die gemütliche Atmosphäre umschlingt einen sofort und sorgt dafür, dass man immer ein wenig länger bleibt, als man eigentlich geplant hatte.

Mit der Heldenbar hat Jakob Humbert sich einen Traum erfüllt. Eigentlich wollte er neben seinem Studium nur in einer coolen Kneipe jobben. Dann sah er zufällig, dass eine Bar einen neuen Betreiber suchte. Drei Wochen später hielt er die Schlüssel in der Hand und legte los. Im Angebot sind 32 Flaschenbiere, und aus den zwei Zapfhähnen sprudeln ständig wechselnde Biere. Dabei gilt: Ist ein Fass alle, kauft Jakob ein anderes. Gemeinsam mit der Union Brauerei aus Bremen hat die Heldenbar sogar ein **eigenes Bier** gebraut: das Earl-Grey-IPA „Coffee is Dead".

➔ Ostertorsteinweg 105
28203 Bremen
www.facebook.com/heldenbar.bremen

INFO

Special: ganz entspannt hier – garantiert bleibt man länger, als eigentlich gedacht

Fassbiere: 2 (bei Tap-Takeovers 6 mit einer mobilen Anlage)

Flaschenbiere: 32

Food-Angebot: Kleinigkeiten wie Nüsse & Oliven

Sitzplätze: 70 innen, 15 außen

Öffnungszeiten: Mo-Sa ab 18 Uhr

FOTOS: BENJAMIN BROUER

TwoBeers

Mit dem TwoBeers hat sich Grebhans Bier alias Tobias [to'bia: s] Grebhan ein gastronomisches Aushängeschild für seine ausgezeichneten Biere geschaffen, die er seit 2014 in kompletter Eigenregie produziert. Im kleinen, feinen **Pub-Restaurant** im beliebten „Viertel" Bremens lassen sich neben den Grebhan-Standards wie dem „Gevatter Stout", der „Roten Hexe" oder dem „Hopfenwolf" denn auch immer wieder Spezialsude frisch vom Fass probieren. Zudem finden Brauer aus nah und fern stets ein Plätzchen am Gasthahn oder im gut sortierten Bierkühlschrank.

Gäste, die nur auf ein schnelles Bier reinschauen, sind ebenso gern gesehen wie die Bierliebhaber mit Sitzfleisch und Appetit. Mit kreativem, zum Bier passenden Pub-Food sowie **einfallsreichen Brotzeiten** möchte das TwoBeers auch kulinarisch Akzente setzen. Die gestalterische Mischung aus Schwarz, Gold, Holz und Backsteinelementen trägt ihren Teil zum **gemütlichen Erlebnis** bei.

➔ Feldstraße 19
28203 Bremen
Tel: 0421 69597547
www.two-beers.de

INFO

Special: exklusive Grebhan-Biere vom Fass

Fassbiere: 5 eigene, 1 Gasthahn

Flaschenbiere: ca. 30

Food-Angebot: Brotzeiten und kreatives Pub-Food

Sitzplätze: ca. 40 innen, 24 außen (Terrasse)

Öffnungszeiten: Di-Do 18-0.30 Uhr, Fr & Sa 18-2 Uhr

Union Brauerei und Braugasthaus

Dieses Haus atmet Geschichte, Bremer Biergeschichte. Schon zwischen 1907 und 1968 brauten hier die Wirte der **alten Hansestadt**. Im Dezember 2016 haben sich dann Lüder Kastens und Markus Zeller dem historischen Backsteinbau angenommen und etablierten als Freie Brau Union Bremen eine eigene Marke samt Braugasthaus.

Mit einem modernen 20 hl-Sudhaus aus glänzendem Edelstahl lebt die Location von Gegensätzen und besticht mit der wohl **kürzesten Bierleitung** Bremens: Die eigenen Biere werden direkt aus den Ausschanktanks über der Theke gezapft. Bis zu 14 Fassbiere sind am Hahn, darunter auch solche von Partnerbrauereien.

Das Thema Handwerk wird weit gefasst: Unter dem Dach des Braugasthauses wird Kaffee geröstet und in der Remise lagern Spirituosen im Fass. Mit Knipp und Backfisch bespielt die Küche regionale Klassiker, reicht aber auch Burger und allerlei Vegetarisches. Der Biergarten mit riesigem Glasdach hat übrigens das ganze Jahr über geöffnet. **Schietwetter?** Egal! PS: Mit dem „Union am Brommyplatz" gibt es einen kleinen Innenstadtableger mit Bar und Shop.

➔ Theodorstraße 12/ 13
28219 Bremen
Tel.: 0421 8982160
www.brauerei-bremen.de/braugasthaus

INFO

Special: Bremens kürzeste Bierleitung und direkteste Kaffeelieferung

Fassbiere: 14 Zapfhähne, eigene Biere und Biere befreundeter Brauereien

Flaschenbiere: mehr als 10, inkl. eigene, holzfassgereifte Biere

Food-Angebot: regionale Klassiker wie Knipp und Backfisch, Stullen und Brauhaus-Burger

Sitzplätze: 400 innen, 100 außen; Brommyplatz: 50 innen, 30 außen

Öffnungszeiten: Mo-Fr ab 16 Uhr, Sa/So ab 12 Uhr; Brommyplatz: Di-Fr ab 16, Sa ab 12 Uhr

FOTO: CRAFT BEER BAR BRAUNSCHWEIG

Craft Bier Bar Braunschweig

Braunschweigs **größte Bierauswahl** finden durstige Einheimische wie Besucher seit Oktober 2016 im zentral gelegenen Steinweg. Neben den Craft Bier Bars in Hannover und Bremen ist dies die dritte Spezialitäten-Bar von Gastronom Michael Solms.

Seinem Credo, die wunderbare und vielfältige Welt der Craftbiere abzubilden, bleibt er auch in Braunschweig treu.
An **24 Hähnen** finden sich regelmäßig wechselnde Biere aus der Region und der ganzen Welt. Ein Flaschenbiersortiment von über 60 Bieren ergänzt das Sortiment. „Wir bieten nur Biere an, die das Prädikat ‚handwerklich gebraut' für sich beanspruchen können und die von Brauern mit viel Engagement und Leidenschaft stammen", betont Solms. Im besten Sinne handwerklich ist auch der Einrichtungsstil der Bar. Viel Holz und Metall, Grubenlampen und Paletten verleihen der Craft Bier Bar einen coolen **Industrial-Look**. „Alles außergewöhnlich und ein bisschen verrückt", sagt Solms.

➔ Steinweg 34
38100 Braunschweig
www.facebook.com/
CraftBierBarBraunschweig
www.wehopyou.de

INFO

Special: individueller Industrial-Look und Braunschweigs größte Bierauswahl

Fassbiere: 24 Zapfhähne

Flaschenbiere: über 60

Food-Angebot: westfälische Würste, Popcorn for free

Sitzplätze: ca. 40 Sitzplätze innen, 9 Stehplätze außen

Öffnungszeiten: Di-Sa 17-01 Uhr

Farmers

Wer das Farmers betritt, der wähnt sich für den ersten Moment in einer liebevoll dekorierten Scheune. Trennwände aus Holzbalken, unverputztem Backstein und Flügeltüren unterteilen den großen Raum in kleine, gemütliche Einheiten. Die Tische und Stühle sind keine Massenware, sondern **rustikale Einzelteile.**

Nicht nur optisch, sondern auch kulinarisch geht es im Farmers zurück zu **Omas Zeiten**. Alte Speisen werden neu aufgepeppt und zaubern Aha-Erlebnisse auf die Zunge. Burger und Steaks brutzeln auf dem Lavagrill, später werden sie den Gästen mit selbstgemachten Soßen serviert. Zum Nachtisch gibt es Eis auf Olivenölbasis, ganz ohne Zucker oder Milch. Auf der Getränkekarte finden sich hausgemachte Limonaden, Kaffee aus der eigenen Rösterei und natürlich einzigartige Biere. Wer möchte, kann sich vom Barpersonal ein **Tastingbrett** zusammenstellen lassen oder am Biermichel sein **eigenes Bier zapfen**.

➔ Hannoversche Str. 60d
38116 Braunschweig
Tel: 0531 59016211
www.farmers-braunschweig.de

INFO

Special: Burger und Steaks vom Lava-Grill

Fassbiere: 10

Flaschenbiere: ca. 70

Food-Angebot: Burger, Steaks, Pulled Pork, Rippchen, Schnitzel, Starters, Salate, Dessert

Sitzplätze: 180 innen, 160 außen

Öffnungszeiten: Mo-Fr ab 17 Uhr, Sa/So ab 9 Uhr mit Frühstücksbuffet

FOTOS: KARSTEN DAVIDEIT

Craft Bier Bar Hannover

Die erste der drei Craft Bier Bars von Gastronom und Bierimporteur Michael Solms – die Schwestern stehen in Bremen und Braunschweig – findet sich direkt im Herzen der Altstadt Hannovers in einem **malerischen Fachwerkhaus**. So pittoresk das Erscheinungsbild von außen, so modern das Bierangebot im Innern der Craft Bier Bar Hannover.
An **24 Zapfhähnen** gibt es regelmäßig wechselnde regionale, nationale und internationale Bierspezialitäten, die durch mehr als 100 verschiedene Flaschenbiere ergänzt werden. Darunter neben Pils- und Weizenbieren vor allem Spezialitäten wie zum Beispiel India Pale Ales, Gosen, Grut-, Adam-, Wit- und Lambic-Biere. Bestellt und abgeholt wird direkt an der meterlangen Theke, die bierbegeisterte Crew berät gerne und fachkundig bei der Auswahl. Gezapft werden die Biere übrigens **direkt aus dem Kühlhaus** ohne zusätzlichen Durchlaufkühler. Das Ambiente zwischen Kneipengemütlichkeit und hippem Industrial-Design trägt seinen Teil zum authentisch-„craftigen" Erlebnis bei.

➔ Ballhofplatz 7
30159 Hannover
Tel: 0511 3571751
www.facebook.com/CraftBierBarHannover
www.wehopyou.de

INFO

Special: Biergenuss direkt aus dem Kühlhaus

Fassbiere: 24 Zapfhähne

Flaschenbiere: über 100

Food-Angebot: westfälische Würste, Popcorn for free

Sitzplätze: ca. 60 Sitzplätze innen, ca. 50 außen

Öffnungszeiten: Mo-Sa ab 16.30 Uhr

GiG Linden

Das GiG im 1898 erbauten historischen Lindener Ratskeller zählt zu den **gemütlichsten Szenekneipen** Hannovers und gleichzeitig zu den Pionieren in Sachen vielfältiges Bierangebot. An 16 Zapfhähnen gibt es regelmäßig wechselnde regionale, nationale und internationale Bierspezialitäten, die durch fast 50 verschiedene Flaschenbiere ergänzt werden. Für perfekte **Pub-Stimmung** in dem historischen Gebäude sorgen Sofaecken, Goldspiegel, Barocktapeten, Ziegelwände, Kerzenschein und flauschige Teppiche. Die gemütliche Wohnzimmeratmosphäre trägt ebenso zur Beliebtheit des GiG bei wie die **hausgemachten Burger**, die sich im Sommer auch bestens auf der GiG-Terrasse genießen lassen. Fußballfans kehren hier regelmäßig ein, denn sämtliche Spiele von Hannover 96 sowie weitere Bundesliga- und Champions League-Partien werden live übertragen. Wer sportlich lieber selbst aktiv werden möchte, kann seine Freunde an einem der beiden **Shuffleboard-Tische** zum Match herausfordern.

➔ Lindener Marktplatz 1
30449 Hannover
Tel: 0511 3571751
www.gig-linden.de

INFO

Special: zwei Shuffleboard-Tische

Fassbiere: 16 Zapfhähne

Flaschenbiere: fast 50

Food-Angebot: Gut-„burgerliche" Küche mit hausgemachten Burgern

Sitzplätze: 70 innen, 60 außen

Öffnungszeiten: Mo-Fr ab 16.30 Uhr, Sa ab 10 Uhr, So ab 15.30 Uhr

FOTOS: THE HARP

The Harp

Die Burger-Bar The Harp zelebriert Vielfalt und Kreativität sowohl auf dem Teller als auch hinter der Bar. Damit passt sie perfekt nach Linden in Hannover. Das ehemalige Arbeiterviertel ist heute ein **Hotspot** für geistig **Junggebliebene** jeden Alters, die sich an handgemachten Träumen und individuellen Lebensentwürfen erfreuen. Im The Harp bedeutet das vor allem: Es gibt fantastische Burger, die zum Beispiel mit Ahornsirup und gebackenen Bohnen oder mit Ananas-Erdnussbutter-Sauce verfeinert werden. Selbst Liebhaber von traditionellen Kombinationen merken nach dem ersten Bissen, dass hier **Profis am Werk** waren.

Zu Burger und Pommes Frites braucht man natürlich ein kühles Bier. Zwölf gibt's vom Fass, darunter Herrenhäuser, Guinness, Murphys, Mashsee oder Newcastle. Verkaufsschlager ist das Westküsten IPA von Ratsherrn. Im Sommer genießt man das am besten auf dem großen baumumrankten **Freisitz**. Im Frühling blüht hier der Flieder.

➔ Schwarzer Bär 1
30449 Hannover
Tel: 01525 3380542
www.facebook.com/harpbusiness

INFO

Special: fantastische Burger, fantastische Burger, fantastische Burger

Fassbiere: 12 (deutsch, englisch, irisch), davon ein Aktionshahn

Flaschenbiere: 20

Food-Angebot: Burger and Fries, Salate, Snacks und Currywurst

Sitzplätze: 80 innen, 80 außen

Öffnungszeiten: Mo-So ab 16.30 Uhr

Jo's Food and Craft

Im Restaurant Jo's Food and Craft wird handwerklich gebrautem Bier und den dazu passenden Speisen gehuldigt. Durch die deckenhohen, teils farbigen **Rundbogenfenster** fällt warmes Licht in den Raum und auf die **selbstgezimmerte Bar**. Dort kann man sich das lokal gebraute, kaltgehopfte Mashsee „Beverly Pils" oder ein „König Ludwig Dunkel" vom Fass bestellen. Wer noch mehr ausprobieren will, dem sei ein Blick in die Flaschenbierkarte empfohlen.

Bierliebhaber können außerdem im Rahmen von **Braukursen** ihr eigenes Bier herstellen. Vom Schroten der Gerste über das Maischen und Läutern bis hin zur Gärung werden alle Schritte unter fachmännischer Anleitung gemeinsam durchlaufen. Am Ende darf jeder **zehn Liter Selbstgebrautes** mit nach Hause nehmen. Und weil Brauen anstrengend ist, gibt es währenddessen eine Verkostung unterschiedlichster Biere, begleitet vom passenden Essen.

➔ Ferdinand-Wallbrecht-Straße 60
30163 Hannover
Tel: 0511 45790885
www.jos-food-craft.de

INFO

Special: eigenes Bier brauen und dann das feine Stöffchen mit nach Hause nehmen

Fassbiere: 2 Zapfhähne

Flaschenbiere: 20 bis 25

Food-Angebot: saftige Burger, hauchzarte Rippchen und phänomenale Salate

Sitzplätze: 75 innen, 36 außen

Öffnungszeiten: Mo-Sa ab 18 Uhr

FOTOS: MICHAEL NEHRING

Alte Posthalterei

Alte blau-weiße Fliesen, buntes Glas, dunkle Holzvertäfelungen und die Schanksäule aus Kupfer. Wer's **urig** mag, fühlt sich in der Alten Posthalterei am Lingener Marktplatz bestens aufgehoben. Der Name erinnert an vergangene Zeiten: In dem hübschen, denkmalgeschützten Fachwerkhaus mit Walmdach war 200 Jahre lang die Post untergebracht.

Heute ist hier vor allem eine **üppige Bierauswahl** zu Hause. Aus den sechs Zapfhähnen fließen klassische Bierstile wie Pils, Kellerbier oder Weizen. Die zusätzlichen 140 Flaschenbiere bezieht Inhaber Markus Quadt von zehn verschiedenen Lieferanten, um eine spannende Vielfalt anzubieten.

Verschrieben hat sich die Posthalterei der traditionellen deutschen Küche. Die Kroketten und Spätzle sind **handgemacht**, der Lachs **selbst gebeizt.** Gekocht wird mit saisonalen, regionalen Zutaten. Und auch die kleinen Gäste kommen gerne wieder. Für sie versteckt sich hinter den filigranen, goldenen Türchen im alten Kaminzimmer immer ein kleiner Nachtisch.

➔ Große Straße 1
49808 Lingen (Ems)
Tel: 0591 96692080
www.posthalterei-lingen.de
www.facebook.com/pg/alteposthalterei

INFO

Special: wilde Biere an Hahn 6

Fassbiere: 6 Zapfhähne

Flaschenbiere: ca. 140

Food-Angebot: traditionelle deutsche Küche

Sitzplätze: 90 innen, 100 außen

Öffnungszeiten: Mo-So ab 11.30 Uhr, im Winter Montagmittag geschlossen

FOTO: BUTCHERS

Butchers

Manchmal ist weniger mehr. So ist das Butchers, zu Deutsch Schlachterei, schlicht nach seinem Straßennamen benannt und eine Bar ganz im **klassischen Sinn**. Aber sicherlich nicht im gewöhnlichen. Das denkmalgeschützte **Backsteinhäuschen** ist mit seinen 74 Quadratmetern nicht gerade groß, aber besonders ist es allemal. Die Möbel aus altem Gerüstholz stammen aus den Niederlanden und sind auf das Butchers **maßgeschneidert**. Kombiniert wird mit Metall. Von der Decke – man kann sechs Meter hoch bis in den Giebel schauen – hängen alte Industrieleuchten. Das Waschbecken auf der Toilette ist, der Name wird bis in Detail bespielt, eine alte **Schlachterwanne**.

Bis zu 30 verschiedene Craftbiere gibt es hier, vor allem aus Deutschland. Die Karte ändert sich monatlich. Daneben gibt's auch eine **riesige Auswahl an Gin**, mehr als 30 Sorten. Witzig: Auf den Toiletten laufen 100 Folgen „Die drei ???" in Dauerschleife. Da kann es schon mal passieren, dass der ein oder andere Gast hängen bleibt...

→ Schlachterstraße 12
49808 Lingen (Ems)
Tel: 0591/9010909
www.butchers-lingen.de
www.facebook.com/butchers.lingen

INFO

Special: eine Reise zurück in die Kindheit: auf dem WC läuft „Die drei ???" in Endlosschleife

Fassbiere: 2

Flaschenbiere: ca. 30, hauptsächlich deutsche Craftbiere

Food-Angebot: Barsnacks

Sitzplätze: 50 innen, 10 außen

Öffnungszeiten: Fr/Sa ab 20 Uhr

FOTO: ZAUBERER VON OS

Zauber von Os

In der Burger-Bar Zauber von Os fühlt man sich fast wie in einem heimeligen **Wohnzimmer**. Das mag an der Einrichtung liegen, die aus Sofaecken und großen Esstischen besteht, oder an der liebevoll ausgewählten Deko. Gäste haben die Wahl zwischen dem **hellen Wintergarten** und der etwas **dunkleren Stube**. Dazwischen befindet sich der Tresen.

Dort fließen unter anderem Mashsee „Trainingslager", Finne „Helles", Laggenbecker „Landbier" und das **Hausbier** „Magic Mushroom" (Pils) aus dem Hahn. Letzteres wird gemeinsam mit der Brauerei Robens gebraut und ist besonders beliebt. An zwei weiteren Zapfhähnen wird **munter abgewechselt**. Dazu gibt es knapp 60 Flaschenbiere. Für die traditionelleren Biertrinker sind Staropramen, Pilsener Urquell und Astra im Angebot, andere erfreuen sich an der großen Auswahl an deutschen und internationalen Craftbieren. Dank dem großen Angebot an klassischen sowie vegetarischen und veganen Burgern bleibt garantiert niemand hungrig.

➔ Dammstraße 2
49084 Osnabrück
Tel: 0541 99893611
www.zauber-os.de

INFO

Special: die Stube ist auch eine Bühne für Bands – ganz egal ob Punk, Rock, Pop, Jazz oder Soul

Fassbiere: 6, darunter ein Hausbier, 2 Hähne mit wechselnden Bieren

Flaschenbiere: 54 internationale Biere

Food-Angebot: Burger (auch vegan/vegetarisch), Salate, Barfood, wöchentlich vegane Suppe und Kuchen

Sitzplätze: 75-90 innen, 40 außen

Öffnungszeiten: im Winter täglich ab 17 Uhr, im Sommer ab 18 Uhr, Mittagstisch Do/Fr 12-14 Uhr

FOTOS: OLIVER STICH

Knuts Mixbecher

Wer in entspannter Atmosphäre ein gutes Bier genießen will, ist hier genau richtig. In Knuts Mixbecher fehlen genau die Dinge, die einen Kneipenabend manchmal unfreiwillig stressig werden lassen. **Keine laute Musik**, keine Stehplätze, kein Gedränge. Stattdessen bekommt man hier in familiärer Atmosphäre eine **fundierte Bierberatung** von Knut Roenelt und seinem Team.

Dabei war Knuts Mixbecher lange eine ganz klassische Cocktailbar. Klimpernde Eiswürfel und **rasselnde Cocktail-Shaker** bestimmen auch heute noch den Sound. Mojito, Mai Tai und wie sie alle heißen, waren und sind beim Publikum beliebt. Doch vor einigen Jahren setzte Knut das erste Craftbier auf die Karte. Die Kunden honorierten das und schnell erweiterte sich das Angebot auf 30 bis 40 Flaschenbiere. Der Verkaufsschlager ist die Single Hop IPA-Serie („SHIPA") von der Kehrwieder Kreativbrauerei, die fast immer frisch aus dem Zapfhahn sprudelt. Wer Hunger bekommt, der wird mit klassischem **Barfood** versorgt.

➔ Schuhstraße 32
29525 Uelzen
Tel: 0172 5415976
www.facebook.com/KnutsMixbecher

INFO

Special: klassische Cocktailbar plus super Bierauswahl – in Sachen Bier berät Knut auch höchstpersönlich

Fassbiere: 2 Hähne, 2 weitere in Kürze, ständig wechselnde Sorten und Stile

Flaschenbiere: 30 bis 40

Food-Angebot: Barfood

Sitzplätze: 42 innen

Öffnungszeiten: Mi/Do 19-24 Uhr, Fr/Sa ab 20 Uhr bis open end

Berlin, Brandenburg & Mecklenburg-Vorpommern

Unbenommen ist Berlin auch die Hauptstadt des Craftbiers. Immer mehr Lokale verschreiben sich hier mit großer Leidenschaft und sehr individuell der handwerklichen Braukunst. Klar, dass die Stadt auch namhafte Brauer aus dem Ausland anzieht. Wo tagsüber Freelancer beim Kaffee hinter Laptops sitzen, gehen abends wunderbare Biere über den Tresen.

FOTO: BEN FUCHS

Biergarten urban:
BRLO Brwhouse, Berlin **Seite 41**

Das Meisterstück Kudamm

Das Restaurant Meisterstück kommt **rustikal-elegant** daher. Die Holzmöbel sind individuell, wirken aber nicht zusammengewürfelt. An einer Wand hängen handgearbeitete Kuckucksuhren – eine Anspielung auf Crafbier-Brauer, die oft keine eigene Brauerei haben, sondern sich kuckucksvogelgleich in andere Brauereien einmieten. Die **Gipsy-Wall** ist mit Flaschenöffnern dekoriert, allesamt Geschenke von Freunden und Bierliebhabern. Im hinteren Bereich können die Besucher sich Porträts der Meister anschauen, die mit ihren Zutaten den gastronomischen Betrieb bereichern.

Die offene Küche gewährt den Gästen jederzeit einen Blick **hinter die Kulissen**. Sie können zuschauen, wie Spareribs, Pastrami oder Pulled Pork entstehen. Auch die Beilagen, das Brot, die Aufstriche und die Desserts sind handgemacht. Natürlich kann man sich auch einfach nur in den Barbereich setzen und eines der derzeit 16 Fass- und etwa 150 Flaschenbiere probieren. Im Bottleshop gibt es Verpflegung für zu Hause. Wer hier keinen Platz findet, kann auf das Schwesterkonzept am Hausvogteiplatz in Berlin-Mitte ausweichen.

➔ **Kurfürstendamm 175**
10707 Berlin
Tel: 030 94 042 551
www.dasmeisterstueck.de/berlinkudammcraftbeer

INFO

Special: gläserne Küche und Gipsy-Wall

Fassbiere: 16

Flaschenbiere: 120-150

Food-Angebot: Berliner Rauchküche, offener Buchenholzgrill

Sitzplätze: 130 innen, 70 außen

Öffnungszeiten: Mo-Do 11.30-24 Uhr

FOTOS: PROTOKOLL

Protokoll

Die Protokoll-Bar in Friedrichshain ist keine typische Eckkneipe, aber auch keine durchgestyle Craftbier-Bar. Stattdessen verbinden sich hier **Leidenschaft, Qualität und Detailverliebtheit.** Die Einrichtung versprüht Industriecharme. Die Wandverkleidung ist aus alten Dielenbrettern gezimmert, die die Gründer um Vadim Kamkalov wochenlang auf Baustellen in der ganzen Stadt gesammelt haben. Die Zapfhähne bestehen aus Fundstücken der russischen Natur, eingegossen in Epoxidharz. Überhaupt ist **Russland das dominierende Thema** des Tap-Room-Konzepts.

Gemeinsam mit der Zagovor Brauerei aus Moskau hat die Protokoll-Bar sich zum Ziel gesetzt, russische Biere in Deutschland bekannter zu machen. Doch natürlich ist die **Karte mit derzeit 24 Fass- und 40 Flaschenbieren** nicht auf Russland oder gar Zagovor-Biere beschränkt! Auch die USA, die Benelux-Länder und Skandinavien sind gut vertreten. Und immer wieder findet man auch Biere, die es nirgendwo sonst in Deutschland gibt, etwa solche der Pühaste Brauerei aus Estland.

➔ Boxhagener Str. 110
10245 Berlin
Tel: 0176 60886670
www.protokollberlin.de

INFO

Special: Vielzahl russischer Biere

Fassbiere: 24

Flaschenbiere: ca. 40 Sorten, Ausbau auf 120 geplant

Food-Angebot: kleine Snacks, Salzstangen

Sitzplätze: 52 innen, ca. 25 außen

Öffnungszeiten: So-Do 16–24 Uhr, Fr/Sa 16-2 Uhr

FOTOS: STRASSENBRÄU

Straßenbräu

Hier funktioniert das **Prinzip Straße:** Wenn nämlich im Straßenbräu gebraut wird, also an vier Tagen die Woche, mmmhm (!), dann lockt der Duft von frisch gekochter Würze. Kaum haben die Brauer rund um den Sudkessel geputzt und ihr Equipment beiseitegelegt, kommen schon die ersten Gäste.

Das läuft ganz reibungslos. Eigentlich erstaunlich, findet doch hier auf nur 120 Quadratmetern alles statt. Geschickt hat das Team von Timo Thoennißen auf kleinstem Raum echte **Brewpub-Atmosphäre** geschaffen. Auf rotem Klinker prangen das beleuchtete Logo und der Name der Craftbude. Die von einer brasilianischen Künstlerin gestaltete Wand hinter dem Tresen zeigt an, welche frisch gebrauten Biere gerade aus den zwölf Hähnen fließen – zwei davon werden mit Stickstoff gezapft.

Zu den Klassikern der Straßenbrauer gehören Blonde Ale, IPA und Red Ale. Ansonsten wird gerne experimentiert. Für das „Beerengarten" wandern schon mal Himbeeren, Johannisbeeren , Kirschen und Hagebutte in den Kessel, für das „Sauerblanc" tatsächlich Sauerkraut. Wie praktisch, dass man da einfach mal probieren kann.

➔ Neue Bahnhofstraße 30
10245 Berlin
Tel: 030 55527550
www.strassenbraeu.de

INFO

Special: frisch vom Hahn gibt's offenes Wegbier in der Flasche

Fassbiere: 12 Biere, 2 davon Nitro

Flaschenbiere: 1-2 eigene Barrel Aged Biere (0,75 l)

Food-Angebot: vietnamesische Fusion Burger, Dim Sum, Burritos – bestellt werden kann bei Restaurants in der Nachbarschaft

Sitzplätze: 40 innen, 30 außen

Öffnungszeiten: Mo-Do+So 17-1 Uhr, Fr/Sa 17-2 Uhr

FOTO: MIMOSA VELIU FUCHS

Biererei Bar

Mit einer wirklichen **Innovation** für die deutsche Gastronomie lockt die Biererei Bar in der Kreuzberger Oranienstraße: Hinter einer bodentiefen Fensterfront ruhen und reifen gut 200 Bierflaschen bei idealen, konstanten 12 Grad Celsius. Dieser **„Vintage Cellar"**, gut einsehbar vom Gastraum, mit einer feinen Auswahl an belgischen Lambics, Barley Wines, Farmhouse Ales und Imperial Stouts ist zweifellos das Highlight von Cihan Çağlars Bar, nur wenige Meter entfernt betreibt er auch ein Bierfachgeschäft.

In der neuen Bar kann man sich – Weinfans wissen es schon länger zu schätzen – durch ganze **Jahrgänge eines Biers** verkosten und die aromatische Reifung nachvollziehen. Wer es lieber frisch und vom Fass mag, kommt ebenfalls nicht zu kurz. An die **20 Zapfhähne** hinter der zentral platzierten Theke schaffen es die Brauereien, die durch Qualität und Philosophie überzeugen. Meist sind dies skandinavische ebenso wie britische und amerikanische Biere. Aber auch einige Berliner Lokalmatadore finden ihren Platz.

➔ Oranienstraße 185
10999 Berlin
Tel: 0176 32051986
www.facebook.com/bierereibar

INFO

Special: „Vintage Cellar" mit optimal temperierten Jahrgangsbieren

Fassbiere: 20 Zapfhähne

Flaschenbiere: ca. 100

Food-Angebot: nur Flüssiges

Sitzplätze: 30 innen, 16 außen

Öffnungszeiten: Mo-Mi 16-24 Uhr, Do-Sa 15-2 Uhr oder später, So 15-24 Uhr

FOTOS: SEREN DAL

BRLO Brwhouse

Das BRLO Brwhouse am Berliner Gleisdreieck bricht mit Konventionen und Erwartungen: Die seit vier Jahren erfolgreiche Berliner Craftbier-Marke BRLO hat sich samt 20 hl-Brauanlage und der eigenen Gastronomie in **38 gebrauchten Überseecontainern** heimisch – gleichzeitig aber auch mobil – eingerichtet.

Neue Wege beschreitet das Team auch kulinarisch. Angetreten, **Bier-und-Food-Pairing** auf ein neues Level zu heben, kreiert Küchenchef Ben Pommer eine ganz eigene moderne Interpretation der Brauhausküche, in der das **Gemüse** die Hauptrolle spielt. Fermentiert, eingelegt, gesmoked, auf Salz oder in Salzkruste gegart und trendig zum Teilen angerichtet, begeistert es nicht nur Vegetarier und Veganer. Wer wirklich nicht ohne kann, bestellt sich on top butterzarte Ribs, Beef Brisket oder Dry Aged Schweinebauch. Große Fenster hinter der **Bar mit den 20 Zapfhähnen** geben den Blick frei auf die Brauanlage. Hier werden die BRLO-Fassbiere gebraut, die natürlich auch bei Ben Pommer in der Küche zum Einsatz kommen – beziehungsweise aromatische Leitplanken für die Speisen liefern.

➔ Schöneberger Straße 16
10963 Berlin
Tel: 0151 74374235
www.brlo-brwhouse.de

INFO

Special: Restaurant und Brauerei gebaut aus 38 Überseecontainern

Fassbiere: 20 Zapfhähne

Flaschenbiere: 20-25 wechselnde Flaschenbiere

Food-Angebot: moderne Brauhausgastronomie mit Fokus auf gemüsebasierte Küche und Bier-Food-Pairing

Sitzplätze: 130 Sitzplätze innen, 300 außen

Öffnungszeiten: Restaurant:
Di-Fr 17-24 Uhr, Sa/So 12-24 Uhr, Biergarten (Frühling bis Herbst): Mo-So 12-24 Uhr

Dolden Mädel Berlin

Es ist ein Mädchen! Genau genommen die kleine Schwester des „Alten Mädchen" in Hamburg. Der weiblichen Hopfenblüte, der Dolde also, verdankt das Braugasthaus im Herzen Kreuzbergs seinen Namen. Klar ist dieser Ort mit Biergarten-Feeling unter **alten Lindenbäumen** für alle gemacht. Wo Biere aller Nationen an den 20 Hähnen wechseln und 70 Flaschenbiere kleiner, lokaler und auch internationaler Craft-Label kredenzt werden, da tummeln sich munter Berliner und Gäste aus der ganzen Welt.

Drei Biersommeliers und gut geschultes Personal wissen, welches Bier zu welcher Speise passt und können auch Neulinge auf die ideale Kombination von Craftbier und gutem Essen einschwören. Wie wäre es mit Rindertartar und einem dry hopped Pilsner? Keine Bange, es geht auch unkompliziert. Dort, wo kein Stuhl wie der andere aussieht und unbehandeltes Holz und gebürsteter Stahl das Interieur dominieren, gibt's auch **Kreuzberg-Burger** und **lecker Stullen** – natürlich aus allerbesten Zutaten. Für ihre „Frische Marktküche" setzt das Dolden Mädel vornehmlich auf regionale Lieferanten. Großes Mädchen!

➔ Mehringdamm 80
10965 Berlin
Tel: 030 77326213
www.doldenmaedel-berlin.de

INFO

Special: schönstes Biergarten-Feeling unter alten Lindenbäumen

Fassbiere: 20 Zapfhähne,
14 im ständigen Wechsel

Flaschenbiere: 80 internationale Biere

Food-Angebot: frische Marktküche mit regionalen und internationalen Einflüssen, passend zum Bier

Sitzplätze: 140 innen, 220 außen

Öffnungszeiten: So-Do 11.30-0.30 Uhr,
Fr/Sa 11.30-1.30 Uhr

Hopfenreich

Das Hopfenreich im Wrangelkiez in Kreuzberg ist eine Bar mit Geschichte. Schon vor über einhundert Jahren befand sich an diesem Ort eine Kneipe. Den Gründern Attila Kiss, Daniel Bart und Mark Hinz war deshalb von Anfang an klar: Wir retten das Flair, die alten Holzdielen und die **nostalgische Optik.** Heute strahlt die Bar urige Heimeligkeit aus und lockt damit ein ganz gemischtes Publikum an. Am langen Holztresen treffen **Ur-Berliner auf Zugezogene**, Kiezgrößen auf Touristen. Manche kommen wegen der Bierauswahl, andere einfach deshalb, weil hier eben immer schon eine Kneipe war.

Aus den 22 Zapfhähnen fließen immer wieder Biere, die so noch nirgendwo anders zu bekommen sind. Ein **Schwerpunkt liegt auf IPAs und Bieren aus Berlin**. Zusätzlich gibt es bis zu zwanzig Flaschenbiere. Wer sich da nicht sofort entscheiden kann, bekommt Hilfe vom bestens informierten Personal. Auch viele Brauer besuchen das Hopfenreich. Also wer weiß – vielleicht hat ja der nette Tischnachbar das Bier an Hahn 5 selbstgemacht?

➔ Sorauer Str. 31
10997 Berlin
Tel: 030 88061080
www.hopfenreich.de

INFO

Special: Kneipenflair mit Geschichte

Fassbiere: 22 Zapfhähne

Flaschenbiere: 15 - 20

Food-Angebot: –

Sitzplätze: ca. 60 innen, 20 außen

Öffnungszeiten: So-Do 16-2 Uhr, Fr/Sa 16-3 Uhr

Braufactum Berlin

Im Jahr 2010 hat Braufactum in großem Stil das Craftbier nach Deutschland gebracht, seit Ende 2017 hat die Marke nun auch ein eigenes **gastronomisches Aushängeschild** samt Shop mitten in Berlin. Das Flagship-Objekt in einem nahezu komplett verglasten Pavillon nahe des Alexanderplatzes vereint einfallsreiche **Burger-Kreationen mit Craftbier** auf Augenhöhe.

Unter den 16 Bieren vom Fass, darunter zwölf Braufactum-Sorten, und weiteren gut 20 Flaschenbieren findet sich immer ein passender flüssiger Speisenbegleiter. Zur Not helfen die Farbcodes auf der Speisekarte weiter. Vom Hocker an der Bar aus geschichteten Ziegelsteinen über kleinere Holztische und geräumige Sitzecken im American Diner-Stil bis hin zur langen Tafel gibt es für jeden Anlass die ideale Sitzgelegenheit. Der Designmix aus Industrie-Elementen, Holz und Street-Art sowie der unverstellte Blick auf das pralle Leben vor den bodentiefen Fenstern verstärken das **urbane Gastronomieerlebnis**. Seit Sommer 2018 gibt es auch einen Ableger in Dresden.

➔ **Memhardstraße 1-3**
10178 Berlin
Tel: 030 84712959
www.berlin.braufactum.de

INFO

Special: große Außentheke mit Blick auf den Fernsehturm

Fassbiere: 16 Zapfhähne (davon 12 Braufactum-Biere)

Flaschenbiere: über 20 Flaschenbiere

Food-Angebot: Burger, Barbecue, Salate und Eintopf

Sitzplätze: 85 innen, 250 außen

Öffnungszeiten: täglich 12 Uhr bis open end

FOTOS: BRAUHAUS LEMKE

Brauhaus Lemke am Alex

700 Quadratmeter, über 600 Innen- und 500 Terrassenplätze: Das 2017 eröffnete Brauhaus Lemke am Alex ist das mit Abstand **größte und ambitionierteste Objekt** des Craft-Pioniers Oliver Lemke. Sein Ansatz, möglichst viele verschiedene Leute anzusprechen, wird nirgends so deutlich wie hier.

In der „Barrel-Lounge 132" mit einer Wand aus Fassdauben sitzen die Bier-Geeks in gemütlichen Sesseln und verkosten **fassgelagerte Spezialitäten**. Im Hauptsaal lernen sich Berliner und Touristen an langen Biertischen bei einem der zehn festen Lemke-Sorten vom Fass oder einer der aufwändig rekonstruierten **Berliner Weissen** aus Flaschengärung kennen. Die modern interpretierte Jägerstube im Obergeschoss wiederum bietet mit ihren bodentiefen Fenstern freien Blick auf die vorbeifahrende S-Bahn. Auch die Einrichtung schlägt Brücken: Rustikales Holz trifft auf urbanen Beton und trendigen Stahl. Aus der Wand zum ersten Stock wächst waagerecht ein Gerstenfeld heraus, und unter dem Himmel aus Hopfendolden schmeckt die **klassische bis moderne Brauhausküche** mit Specials wie dem Pulled Eisbein Burger besonders gut.

➔ Karl-Liebknecht-Straße 13
10178 Berlin
Tel: 030 3087 8989
www.lemke.berlin

INFO

Special: echte Berliner Weisse in verschiedenen Variationen

Fassbiere: 10 Biere aus eigener Produktion

Flaschenbiere: 6 weitere Biere aus Eigenproduktion, zusätzlich zehn holzgereifte Eigen- & Fremdbiere

Food-Angebot: leckere & ehrliche (Brauhaus-)Küche aus dem deutschsprachigen Raum

Sitzplätze: 620 innen, 500 außen

Öffnungszeiten: Mo-So 12-24 Uhr

FOTOS: BREWDOG

BrewDog Berlin-Mitte

Nur einen Katzensprung vom Mauerpark entfernt liegt die erste und bislang einzige BrewDog-Location Deutschlands. Die 17. internationale Bar der Schotten hat sich seit ihrer Eröffnung Ende 2016 als eine der angesagtesten Adressen der Hauptstadt für Beer Geeks etabliert. Die Atmosphäre besticht mit **Industrie-Charme** und **Upcyling**: viel Holz und Stahl, Lochgitter, Gerüstbohlen.

Aus den 30 Zapfhähnen fließen etwa zur Hälfte eigene Biere, darunter **fünf Headliner**: „Punk IPA", „Indie Pale Ale", „5AM Saint", „Dead Pony Club", „Jet Black Heart" sowie großartige Biere von Brauern aus Deutschland, Großbritannien, Schweden und den USA. Gesetzt sind dabei immer **Kollegen aus Berlin** wie BRLO, Pirate Brew, Berliner Berg oder Stone Brewing. Hinzu kommen 100 Flaschenbiere aus aller Welt mit Schwerpunkten ähnlich den Bieren vom Fass. Als legendär gilt übrigens auch die **Pizza** aus dem Steinofen – **extra kross** und kreativ mit ausgewählten Zutaten belegt. Ach ja, der integrierte Bottle Shop heißt hier natürlich **BottleDog**. Flaschenbiere gibt's zum Mitnahmepreis und dazu jede Menge Merchandising-Kram.

➔ Ackerstraße 29
10115 Berlin
Tel: 030 48477770
www.brewdog.com/bars/worldwide/berlin-mitte

INFO

Special: legendär gute Biere und Pizza, z.B. Chicken Tikka, Halloumi oder Hawaii Five-O

Fassbiere: 30 Zapfhähne, rund die Hälfte eigene Biere, täglich wechselnde Auswahl

Flaschenbiere: gut 100, BrewDog-Biere sowie internationale Marken

Food-Angebot: Pizza aus dem Steinofen, Salate und Desserts

Sitzplätze: 80 innen,120 außen

Öffnungszeiten: So-Do 12-24 Uhr, Fr/Sa 12-2 Uhr

The Castle

Die Ganztagesbar The Castle direkt neben dem Berliner Nordbahnhof hat sich vor allem mit ihrer **unglaublich guten Bierauswahl** einen Namen in der Stadt gemacht. Weniger bekannt ist hingegen, dass sie bereits **morgens ab acht** Uhr knackige Croissants und leckeren Kaffee anbietet. Mit seiner gemütlichen Einrichtung und der ungezwungenen Atmosphäre zieht das Castle alle Alters- und Einkommensschichten an.

Tagsüber sitzen hier vor allem Freiberufler hinter ihren Laptops, junge Studenten holen sich am Tresen einen Koffeinkick und Mütter mit ihren Kindern treffen sich zum Plausch. Je tiefer die Sonne sinkt, desto öfter bestellen die Gäste eins der **20 Fass- oder 50 Flaschenbiere.** Dazu genießen sie entweder eine Kleinigkeit aus der hauseigenen Küche wie Bagels oder Sandwiches, oder bringen einfach ihr eigenes Essen mit. Im Sommer lockt besonders die große Terrasse mit **Blick auf den Park.** Wer eher dunkle Gefilde bevorzugt, kann stattdessen im Keller die Tischtenniskelle schwingen.

→ Invalidenstraße 129
10115 Berlin
Tel: 0151 67676757
www.thecastleberlin.de

INFO

Special: große Terrasse mit Parkblick

Fassbiere: 20 Zapfhähne

Flaschenbiere: 50 plus Cider-Kühlschrank

Food-Angebot: Sandwiches, Kuchen & Muffins, Croissants

Sitzplätze: 140 innen, 160 außen

Öffnungszeiten: Mo-Fr ab 8 Uhr, am Wochenende ab 10 Uhr

FOTOS: RASMUS MALMSTRÖM

Mikkeller Berlin

Sobald man die Mikkeller Bar in Berlin-Mitte – die **erste Bar der Kultmarke** aus Kopenhagen in Deutschland – betritt, spürt man: Hier waren Dänen am Werk. Auf den Holztischen flackern Kerzen in schlichten Messingleuchtern, von der Decke baumeln große Glühbirnen in Drahtgestellen und an den Wänden hängen großformatige Kunstdrucke des Designers Keith Shore. Alles zusammen erzeugt das ein Gefühl von **skandinavischem Minimalismus** mit genau der richtigen Prise Gemütlichkeit, um bei ein paar Bieren zu versacken.

An den **24 Zapfhähnen** hängen zahlreiche Mikkeller-Biere, aber auch andere Brauereien kommen zum Zug. Darunter zum Beispiel Fuerst Wiacek, Brew By Numbers oder Latitude 42. Für den kleinen Hunger werden handgemachte Käse- und traditionelle deutsche **Wurstspezialitäten** serviert. Wer erstmal wach werden muss, bevor er sich das erste Bier zu Gemüte führt, der bestellt am besten einen Kaffee, der von der Berliner Rösterei Five Elephant kommt.

➔ Torstraße 102
10119 Berlin
Tel: 0176 83141103
mikkeller.dk/location/mikkeller-berlin
www.facebook.com/mikkellerberlin

INFO

Special: die erste Mikkeller-Bar in Deutschland

Fassbiere: 24 Zapfhähne

Flaschenbiere: 30-50

Food-Angebot: Käse und Wurst

Sitzplätze: ca. 30 innen

Öffnungszeiten: So-Do 15-24 Uhr, Fr/Sa 15-2 Uhr

FOTOS: NAILYA BIKMURZINA

The Muted Horn

Wer auf der Suche nach etwas ganz Außergewöhnlichem ist, einem Bier zum Beispiel, das in nur vier oder fünf Bars auf der ganzen Welt ausgeschenkt wird, für den führt an der Bar The Muted Horn in Berlin-Neukölln kein Weg vorbei. Dort bekommen Gäste 22 wechselnde Fassbiere sowie mehr als 100 Flaschenbiere. Und immer wieder sind darunter ganz **besonders seltene Exemplare**. Zuletzt etwa rare Lambics der belgischen Brauerei Bokkereyder.

Gegründet wurde die Bar von zwei **Exil-Kanadiern**, die Neukölln genauso lieben wie ihre alte Heimat Vancouver. Ihr besonderes Steckenpferd sind alle Arten von Sauerbieren, die in Deutschland noch immer ein Schattendasein fristen. Im Muted Horn veranstalten sie daher Verkostungen oder Tap Takeover, die gerade die **sauer vergorenen Spezialitäten** in den Mittelpunkt rücken. Ihr Einsatz lohnt sich. Obwohl in absoluten Zahlen am meisten Pilsner, Helles und IPAs verkauft werden, bestellen gerade im Sommer auch immer mehr Gäste Sauerbier.

➔ Flughafenstraße 49
12053 Berlin
Tel: 030 91569256
www.themutedhorn.com

INFO

Special: seltene Sauerbiere aus aller Welt

Fassbiere: 22 Zapfhähne

Flaschenbiere: >100

Food-Angebot: –

Sitzplätze: 70 innen, 30-40 außen

Öffnungszeiten: Mo-Do 17-2 Uhr, Fr 17-3 Uhr, Sa 15-3 Uhr, So 15-2 Uhr

Birra – Italian Craft Beer

Italienisches Craftbier in Berlin hat einen Namen: Das 2016 eröffnete Birra im Prenzlauer Berg kann getrost als inoffizielle **italienische Bierbotschaft** bezeichnet werden, widmet sich die urig gestaltete Kneipen-Bar doch als erste und bislang einzige Location vollends der vitalen Bierszene des Landes.
16 hoch aufragende kupferne Zapfhähne empfangen den Birra-Gast am zentralen Tresen. Acht rechts, acht links, in der Mitte zusätzlich drei Handpumpen. Es sind vornehmlich die sehr süffigen Biere der Brauerei Birrificio Lambrate, die aus den Zapfhähnen fließen, schließlich befindet sich unter den drei Birra-Besitzern mit Giampaolo Sangiorgi auch der Brauereigründer. Einige Leitungen und Plätze im Kühlschrank sind jedoch auch für weitere deutsche und internationale Craftbiere reserviert.

Passend zur **Unkompliziertheit der Biere** gestaltet sich das Design: Blanke Holztische, ein hölzerner Tresen, rot gestrichene Wände, allerlei italienische Bierplakate und eine riesige Kreidetafel als „lebende" Getränkekarte sorgen für ein **uriges Kneipenfeeling.**

➔ Prenzlauer Allee 198
10405 Berlin
Tel: 030 37477071
www.facebook.com/birra2016

INFO

Special: DIE Adresse für italienisches Craftbier in Deutschland

Fassbiere: 16 Zapfhähne + 3 Handpumpen

Flaschenbiere: 20-25

Food-Angebot: kalte Küche: verschiedene Panini, Aufschnitt- und Käseplatten

Sitzplätze: 45 innen, 20 außen

Öffnungszeiten: Mo 18-24 Uhr, Di-Do 18-1 Uhr, Fr/Sa 18-2 Uhr, So 18-1 Uhr

Herman Belgian Bar

Die belgische Bierkultur wurde 2016 von der UNESCO zum immateriellen Kulturerbe der Menschheit ernannt, bereits seit 2013 hat sie mit Bart Neirynck einen **perfekten Botschafter** in Deutschland. Die mitten in Berlin gelegene Herman Belgian Bar zelebriert die Vielfalt an Bierstilen, Braumethoden und Gärungsarten auf ganz **klischeebefreite Art** und Weise. Die Stars in der schlicht eingerichteten Bar sind die Biere selbst, die in einem großen weißen Backboard hinter dem Tresen präsentiert werden.

Für Stimmung sorgen die **internationalen Gäste** und natürlich der Gastgeber Bart Neirynck selbst, der zu jedem der sorgsam zusammengestellten Biere eine spannende Geschichte erzählen kann. Neulinge führt er in die variantenreiche Bierwelt Belgiens ein – und für Experten findet sich immer wieder ein spannendes, noch unbekanntes **Sauerbier**. Der Schwerpunkt im Herman liegt auf Flaschenbieren, schließlich sind die belgischen Brauer die Meister der **Flaschengärung**, über 100 verschiedene Flaschenbiere hält Bart Neirynck vor, dazu gibt's vier Fassbiere, darunter auch einmal internationale Gastbiere.

➔ Schönhauser Allee 173
10119 Berlin
www.herman.berlin

INFO

Special: Berlins führende belgische Bierbar, internationales Publikum

Fassbiere: 4 Zapfhähne mit rotierendem Angebot

Flaschenbiere: 113

Food-Angebot: –

Sitzplätze: 60 innen, 50 außen

Öffnungszeiten: So/Mo 18-0 Uhr, Di-Do 18-1 Uhr, Fr/Sa 18-2 Uhr

FOTOS: FOERSTERS FEINE BIERE

Foersters Feine Biere

Das Foersters Feine Biere ist ein **klassisches Bierlokal,** das sich der Biervielfalt hierzulande verschrieben hat. Es geht also um traditionelle Stile wie Pils, Helles, Weißbier, Export, Märzen, Rauchbier, Kölsch, Alt und Bockbier. In dem kleinen **Familienbetrieb** werden ausschließlich Biere von mittelständischen Privatbrauereien ausgeschenkt. Biere von Großbrauereien oder Konzernen kommen Firmengründer und Biersommelier Sven Förster nicht ins Haus.

Die Gäste sollen sich im Foersters entspannen, ihr Bier genießen und miteinander ins Gespräch kommen. Daher gibt es kein WLAN, keine Fußball-Übertragung, überhaupt **keine Bildschirme**. Stattdessen eine kleine Ausschankfläche, die dazu auffordert, sich zu anderen Gästen an den Tisch zu setzen. Aus den sechs Zapfhähnen sprudelt häufig Schönramer Hell, Fiege Pils, Weiherer Kellerbier oder das Rollberg Rotbier. Dazu gibt es fast 100 verschiedene Flaschenbiere. Der kleine Hunger wird mit **Brotzeitplatten**, Landjäger, Leberkäs und Kartoffelsalat gestillt.

➔ Bornstraße 20
12163 Berlin
www.foerstersfeinebiere.de

INFO

Special: nur Biere von mittelständischen Privatbrauereien aus Deutschland

Fassbiere: 6 Zapfhähne

Flaschenbiere: ca. 100

Food-Angebot: Brotzeitplatten und kleine Gerichte

Sitzplätze: 25 innen, 40 außen

Öffnungszeiten: Mo-Sa 16-24 Uhr

Stone Brewing World Bistro & Gardens

Mega!!! Dieser Ausruf dürfte wohl jedem entwischen, der das erste Mal hinaus nach Mariendorf pilgert, um dem Stone Brewing World Bistro & Gardens einen Besuch abzustatten. Man könnte auch sagen: **Gigantisch!** Treffender lässt sich kaum beschreiben, was Greg Koch und sein Team auf dem Gelände des **historischen Gaswerks** erschaffen haben: ein hochmodernes Brauerei- und Erlebnisrestaurant mit allen Schikanen.

Auf sagenhaften 2.400 Quadratmetern kann man sich drinnen zwischen Felsen und Baumstämmen niederlassen oder auf bequemen Kissen der Stufen, die hinauf zu einer zweiten Ebene führen, kann von 75 verschiedenen Fassbieren probieren (etwa die Hälfte sind Stone-Biere) und dabei durch eine riesige Glaswand direkt ins Sudhaus schauen. Bei gutem Wetter lockt der Garten. 5.000 Quadratmeter sind die **perfekte Spielwiese** – und ein schönes Ziel für einen Familienausflug. Umgeben von viel Grün und großen Natursteinen wurden Sitzecken gestaltet. Manchmal stehen da einfach auch Liegestühle oder eine Bank. Und die Küche? Südkalifornisch-mexikanisch, nein, international inspiriert. Mega!

➔ Im Marienpark 23
12107 Berlin
Tel: 030 212343100
www.facebook.com/StoneBistroBerlin

INFO

Special: riesiges Bistro mit alten Gaslaternen, Steinblöcken und Baumstämmen

Fassbiere: bis zu 75 Biere vom Fass, die Hälfte davon Gastbiere

Flaschenbiere: große Auswahl an Flaschen- und Dosenbieren

Food-Angebot: Slow Food aus fair und ökologisch produzierten Lebensmitteln, international inspirierte Küche

Sitzplätze: 750 innen, 450 außen

Öffnungszeiten: Mo-Sa 12-24 Uhr, So+Feiertage 10-22 Uhr (10-12 Uhr Frühstück)

FOTO: BAR GELB

Bar Gelb

Die Bar Gelb ist eine der **ältesten Cocktailbars Potsdams**. Seit 1999 werden dort junge und junggebliebene Gäste mit Cocktails jeder Art zum Rausch verführt. Mit dem Umzug im Jahr 2012 an den aktuellen Standort setzte Barchef Alexander Diez nach und nach **immer mehr außergewöhnliche Biere** auf die Karte. Zurzeit gibt es acht Zapfhähne, bald soll auf elf erweitert werden. Der Schwerpunkt liegt auf Bieren aus Potsdam und der Region Berlin-Brandenburg.

Diez arbeitet schon seit fast zwanzig Jahren in der Gastronomie. Er liebt vor allem das Mixen von Cocktails. Die Aromenvielfalt der Craftbiere inspirierte ihn dazu, **eigene Biercocktails** zu kreieren, in denen sich Bier und Spirituose auf Augenhöhe begegnen. Doch bei aller Liebe zum Craftbier ist es ihm wichtig, dass jeder Gast urteilsfrei bestellt und trinkt, was ihm am besten schmeckt. Oft stehen deshalb auf dem gleichen Tisch ein IPA, ein Beck's und ein Mojito in **friedlicher Koexistenz**.

➔ Charlottenstraße 29
14467 Potsdam
Tel: 0331 88715575
www.bargelb.com

INFO

Special: individuelle Biercocktails mit Craftbier

Fassbiere: aktuell 8, demnächst 11

Flaschenbiere: 20-30

Food-Angebot: Erdnüsse, Chips & Co.

Sitzplätze: 200 innen, 90 außen

Öffnungszeiten: täglich von 19-2 Uhr

Dolden Mädel Binz

Das Braugasthaus Dolden Mädel beschert nicht nur Berlin (siehe S. 42), sondern auch der kleinen Gemeinde Binz auf der Ostseeinsel Rügen richtig viel gutes Bier. Nur einen Katzensprung entfernt von der **Strandpromenade** kann man auf dem großen Freisitz die Nase in die Sonne halten und dem Meeresrauschen lauschen. Im Innenraum treffen urig holzvertäfelte Wände auf moderne Glasfronten. Die Kombination funktioniert, wirkt weder altbacken noch steril.

Wer Hunger hat, der kann sich an **Spezialitäten aus dem Smoker** und vom Grill erfreuen oder vegane Burger und Gemüsegerichte probieren.

Die Zutaten stammen aus der Region und oft schleicht sich auch das eine oder andere Bier ins Essen. So zum Beispiel beim Weizenbier-Birnen-Kartoffelpüree, das zu Dreierlei Bratwurst serviert wird. Oder beim Weißbier-Tiramisu. Welches der **20 Fass- und 75 Flaschenbiere** am besten zu den Gerichten passt, erklärt das geschulte Personal.

➔ Schillerstraße 6
18609 Binz
Tel: 038393 663333
www.doldenmaedel-binz.de

INFO

Special: Biergenuss mit Meeresrauschen

Fassbiere: 20

Flaschenbiere: 75

Food-Angebot: moderne Braugasthaus-Küche

Sitzplätze: 140 innen, 180 außen

Öffnungszeiten: So-Do 12-0.30 Uhr, Fr-Sa 12-1.30 Uhr

Sachsen, Sachsen-Anhalt & Thüringen

Im Osten viel Neues!
In Leipzig, Dresden und Halle trifft Bierhistorie auf Erneuerungsgeist. Eine spannende Mischung, aus der heraus erlebenswerte Gastronomie entsteht. Biergartenfeeling unter Kirschbäumen, Lausitz-Tapas und dazu ein frisch Gezapftes – nichts wie hin da!

Historisch: Bayerischer Bahnhof, Leipzig Seite 60

FOTO: DIRK BRZOSKA

FOTOS: LABYRINTH

Labyrinth

Der Brewpub Labyrinth ist ein Mekka für Craftbier-Liebhaber in der Lausitz. Sieben handwerklich gebraute Biere fließen dort aus den Zapfhähnen. Das findet man sonst in der Umgebung nirgendwo. **Sechs Hähne** sind für wechselnde Biere der zugehörigen Brauerei Labieratorium reserviert. Besonders beliebt ist das „F60Paranoid IPA". Der siebte Hahn bietet Spezialitäten von befreundeten Brauereien, lokal oder international. Dazu werden **Lausitz-Tapas** gereicht: Barsnacks mit regionalen Zutaten wie Schmalzbrot oder Gurkentapas.

Den Innenraum samt detailreicher Graffitis haben mit Andy Reitz und Dirk Hiekel Könichson zwei Cottbusser Künstler gestaltet. Szenen aus der Stadt und dem Braualltag verzaubern die Besucher. So bunt wie die Wände ist auch das Publikum: Studenten und Rentner erfreuen sich gleichermaßen am lokal gebrauten Bier. Im Sommer lässt es sich zudem ganz wunderbar auf der Terrasse entspannen. Die Kinder bekommen Kreide und Spielzeug gestellt, die Eltern genießen die Ruhe und ihr Bier.

➔ Berliner Str. 1
03046 Cottbus
Tel: 0355 28916610
www.labyrinth-cottbus.de

INFO

Special: Lausitzer Craftbier und Tapas

Fassbiere: 7 Zapfhähne

Flaschenbiere: ca. 30

Food-Angebot: rustikale Snacks wie Gurkentapas und Schmalzbrot

Sitzplätze: 40 innen, 40 außen

Öffnungszeiten: Mo-Do 17-24 Uhr, Fr/Sa 17-1 Uhr

FOTO: BLONDES – DIE BIERBAR

Blondes – Die urige Bierbar

Der Dresdner Neustadt mangelt es an Kneipen nicht. Doch eine sticht für Bierliebhaber besonders heraus. Die Rede ist von Blondes – Die urige Bierbar. Die Einrichtung ist inspiriert von einer kleinen **Schiffskneipe** auf Rügen. Alte Fischernetze und Seemannsglocken verzieren die Wände. Die Lampen sind aus hölzernen Bierkisten und ausgedienten Flaschen vom Flohmarkt gezimmert. **Ostseecharme auf jedem Zentimeter.**

Das Blondes hat viele Stammgäste, die auch mal am **Klavier klimpern** oder sich eine Gitarre aus dem Fischernetz angeln. Zum sommerlichen Stadtteilfest „Bunte Republik Neustadt" stellt die Bar sogar eine eigene Bühne. Aber natürlich kommen die Gäste auch, um die etwa **100 Flaschenbiere** zu probieren. Neben internationalen Bieren findet man hier auch **lokale Spezialitäten** wie das „Gersdorfer Ale" von der Glückauf Brauerei oder das „Lößnitz Pils". Die Getränkekarte bietet zudem vegane Bio-Weine, vegane Cocktails und – Ehrensache für eine Seemansbar – guten Rum.

➔ Louisenstraße 74
01099 Dresden
Tel: 0174 3118087
www.facebook.com/
BlondesDieUrigeBierbar

INFO

Special: Seemanns-Stimmung trifft Biervielfalt

Fassbiere: 1 wechselndes, demnächst 2

Flaschenbiere: 100

Food-Angebot: Nüsse, Oliven

Sitzplätze: 60 innen, 15 außen

Öffnungszeiten: ab 19 Uhr

FOTOS: DAVID PINZER

Zapfanstalt

Wer in Dresden ein Braugasthaus mit vielfältigem Bierangebot sucht, der kommt an der Zapfanstalt nicht vorbei. In dem großen Eckgebäude in der Dresdner Neustadt erstreckt sich über mehrere Etagen ein **Paradies für Bierliebhaber**. Im Erdgeschoss warten Stehtische auf durstige Besucher. Wer es lieber gemütlich mag, der steigt hinauf in die erste Etage und fläzt sich dort auf eine Couch, kuschelt sich in einen Sessel oder setzt sich an einen der Tische. Das Dachgeschoss ist als privater Partyraum mietbar.

Doch egal, wo man sich niederlässt: Überall bekommt man nicht nur das **selbstgebraute Pils und Zwickel**, sondern insgesamt 20 Biere vom Fass. Dazu kommen noch knapp 100 Flaschenbiere. Wer bei so viel Auswahl am liebsten alles probieren würde, sollte die Zapfanstalt vorzugsweise zum **„Tasty Wednesday"** ansteuern. Dann wird für nur je einen Euro das Verkostungsglas so lange befüllt, bis man (zumindest gefühlt) ein wahrer Bierprofi ist.

➔ Sebnitzer Str. 15
01099 Dresden
Tel: 0351 21996354
www.zapfanstalt.de

INFO

Special: Hausbier in verschiedenen Sorten

Fassbiere: 20 Zapfhähne

Flaschenbiere: ca. 100

Food-Angebot: Burger, Currywurst, Flammkuchen, Fingerfood sowie Speisen mit Bier kombiniert (z.B. Schwarzbiergulasch)

Sitzplätze: 110 innen (auf 2 Etagen), 80 außen (auf 2 Etagen)

Öffnungszeiten: Mo-Sa ab 18 Uhr

Bayerischer Bahnhof

Das Restaurant Bayerischer Bahnhof in Leipzig hat seinen Namen nicht von ungefähr. Früher hielten hier tatsächlich Züge. Heute wird in der **alten Schalterhalle** sächsisch-bayerische Wirtshausküche serviert, dazu natürlich Gose.

Dieses säuerlich-salzige Bier mit milder Koriandernote wurde bereits im Mittelalter in der kleinen Stadt Goslar am Harz gebraut. In Leipzig war Gose im 19. Jahrhundert extrem beliebt. Doch irgendwann änderte sich der Geschmack, die Gosenschenken schlossen. Heute braut der Bayerische Bahnhof wieder eine **eigene Leipziger Gose**, oft auch in ganz besonderen Variationen. Da kommen je nach Saison Fichtensprossen oder Rosenblätter zum Einsatz. Neben der Gose sind auch selbstgebrautes Pils, Schwarzbier, Weißbier und ein Saisonbier immer frisch vom Hahn verfügbar.
Weil die **kupfernen Braukessel** gut sichtbar in der Gaststube stehen, können die Gäste die Braumeister bei ihrer Arbeit beobachten. Bei gutem Wetter lockt unbedingt der **grüne Biergarten**.

➔ Bayrischer Platz 1
04103 Leipzig
Tel: 0341 1245760
www.bayerischer-bahnhof.de

INFO

Special: hausgemachte Biere, darunter ausgezeichnete Gose

Fassbiere: 5 Zapfhähne

Flaschenbiere: 3

Food-Angebot: sächsisch-bayerische Küche von Sülze über Sauerbraten bis Schweinehaxe mit saisonalen Akzenten

Sitzplätze: 300 innen, 350 außen, plus 300 in Eventräumen

Öffnungszeiten: täglich 11-24 Uhr

FOTOS: ANABELLE SAGE

Dr. Hops

Die Craftbier-Bar Dr. Hops hat sich vorgenommen, den unterschiedlichsten Menschen gutes Bier nahezubringen. Immer Sonntagnachmittag um 16 Uhr bietet sie deshalb bei **„Bier ab Vier"** ein Bierpairing der ganz besonderen Art: Es locken verschiedene Kuchen und die dazu passenden Biere.

Mit dieser Kombination konnten schon einige Skeptiker von der geschmacklichen Vielfalt der Craftbiere überzeugt werden. Zudem gibt es regelmäßig Livemusik, **Lesungen**, Vorträge oder **Theaterabende** und natürlich Bierverkostungen.

Die sechs bis acht Fassbiere wechseln etwa jede Woche. Das Spektrum reicht vom Fränkischen Hellen bis zum pechschwarzen Stout aus Norwegen. Dazu kommen noch knapp 100 Flaschenbiere. Da ist **für jeden Gaumen** das Passende dabei. Besonders gefragt sind beim Publikum lokale Bierspezialitäten. Und wer eine Bierpause braucht, der findet auch eine feine Auswahl an Spirituosen, Wein und Limonaden.

→ Eichendorffstraße 7
04277 Leipzig
www.dr-hops.de

INFO

Special: sonntags Bierpairing „Bier ab Vier"

Fassbiere: 6 bis 8

Flaschenbiere: ca. 90-100

Food-Angebot: vegane/vegetarische Brotplatten und Snacks

Sitzplätze: 50 innen, 30 außen (im Sommer)

Öffnungszeiten: Di-Sa ab 18 Uhr, So ab 16 Uhr

FOTOS: DIE BIERKANZLEI

Die Bierkanzlei

Die Bierkanzlei in Halle ist ein **Mix aus Spezialitätengeschäft und entspannter Gastronomie**. Wer einfach nur gutes Bier für den heimischen Fernsehabend sucht, der kann hier gemütlich durch die Regale stöbern und seine Beute nach Hause tragen. Wem der Sinn nach Ausgehen steht, der ploppt den Kronkorken direkt vor Ort von der Flasche und setzt sich an einen der Tische oder im Sommer auf den Freisitz.

Über 400 Biere sind im Angebot, 100 davon werden ständig auf die **perfekte Temperatur gekühlt**. Dazu gibt es zwei wechselnde Fassbiere. Auch 25 Cider und 30 Limonaden sind erhältlich. Wen das ein bisschen einschüchtert, dem sei versichert: Die Angestellten helfen gern, das neue Lieblingsbier auszuwählen. Das Speisenangebot reicht von Chili con Carne über Pulled Pork-Nachos bis hin zu Flammkuchen. Abends finden regelmäßig **unterschiedliche Veranstaltungen** statt. Sei es die Spezialitäten-Bierverkostung oder der moderierte Spielabend „Roulette & Rutschen".

➔ Moritzburgring 1
06108 Halle / Saale
Tel: 0345 47888606
www.bierkanzlei.de

INFO

Special: Verkostungen und Spieleabende

Fassbiere: 2

Flaschenbiere: über 400

Food-Angebot: Bierkäse-Teller, Chili con Carne, Pulled Pork-Nachos, Suppe, Flammkuchen

Sitzplätze: 60 innen, 50 außen

Öffnungszeiten: Mo-Sa 11-20 Uhr

FOTO: ALTSTADTKNEIPE NOAH

Altstadtkneipe Noah

Die Altstadtkneipe Noah im Herzen Erfurts bietet beste **thüringische Hausmannskost** und eine ausgezeichnete Bierauswahl. Die Wände sind bedeckt von einem Sammelsurium aus Schwarz-Weiß-Fotografien und alten Blechschildern. Dunkle Holzmöbel und das schummrige Licht alter Kupfer-Bleiglaslampen geben dem Innenraum ein rustikales Ambiente. Die akustische Untermalung wird dominiert vom **Sound der 1970er Jahre**. Rhythm'n'Blues und Jazzrock bringen nostalgische Herzen zum Tanzen.

Den Hunger vertreibt man sich hier am besten mit Rostbrätel, Kassler oder Hausmachersülze. Vegetarier bestellen zum Beispiel Lauchrührei oder Kartoffelpuffer. Die Karte mit den über 110 Flaschenbieren wird jedes halbe Jahr aktualisiert. Neben zahlreichen deutschen Bierspezialitäten sind auch belgische und irische Biere vertreten. Im Sommer entspannt man besonders gut auf dem von **Kirschbäumen** überschattetem Freisitz. Raucher sind ganzjährig auch drinnen willkommen.

➔ Große Arche 8
99084 Erfurt
Tel: 0361 6421840
www.altstadtkneipe-noah.de

INFO

Special: schummriges Licht und Schwarz-Weiß-Fotografien – Nostalgie pur

Fassbiere: 5

Flaschenbiere: ca. 110

Food-Angebot: Thüringer Hausmannskost

Sitzplätze: 110 innen, 120 außen

Öffnungszeiten: Mo 18-3 Uhr, Di-Sa 16.30-3 Uhr

Nordrhein-Westfalen

Zwischen Kölsch und Alt ist neuerdings noch ganz viel Platz – für IPA, Stout, die belgische Biervielfalt und, und, und. Zu den traditionellen Brauhäusern gesellen sich junge Gastronomiekonzepte, die echte Abwechslung bieten. Herrliches NRW!

FOTO: HAUSMANNS

Unkompliziert: Hausmann's, Düsseldorf Seite 69

Trinkhalle

Weiße Fliesen bedecken Boden und Wände, **schwarze Kühlschränke** stehen fein säuberlich aufgereiht an der Seite, minimalistische Lampen baumeln von der Decke. Nein, mit Deko oder Schnickschnack verschwenden die Betreiber der Trinkhalle Ruhrgebiet keine Zeit. Stattdessen können sich die Besucher voll und ganz darauf konzentrieren, was vor ihnen in Glas oder Flasche steckt.

Etwa **350 Flaschenbiere** stehen zur Auswahl. Viele davon kommen aus dem Ruhrgebiet, darunter die Brauereien Fiege, Vormann oder Mücke. Aber auch Biere aus Franken und Belgien sind stark im Sortiment vertreten.

Ob Rentner, Studenten oder Familien – irgendwann verliert sich jeder Bochumer in die Trinkhalle. Bei der Verkostung oder Beratung kommt man zwangsläufig mit Gleichgesinnten ins Gespräch. Die **Tischtennisplatte** und der **Kicker** verführen dazu, die neuen Bekanntschaften direkt und ganz sportlich zu vertiefen.

➔ Herner Str. 8
44787 Bochum
www.facebook.com/
trinkhalleruhrgebeat

INFO

Special: bloß keinen Schnickschnack, dafür eine riesen Auswahl – Trinkhalle eben

Fassbiere: jede Woche ein Neues

Flaschenbiere: 350, viele davon aus der Region

Food-Angebot: Frikadellen, Solei, Gewürzgurken – handgemacht und bio

Sitzplätze: 40 innen, 20 außen

Öffnungszeiten: täglich von 17-1 Uhr (31.12. geschlossen)

FOTO: DER BÖNNSCHE FOTOGRAF

Pinte

Die grün gestrichenen Wände, die dunklen Tische und die lange Naturholztheke: Alles hat den Anschein, als ob die Pinte in Bonn eine gemütliche Traditionskneipe wäre. Eine Pinte eben, wie man diese Lokale früher leicht abfällig nannte. Doch diese Pinte hat erst 2014 eröffnet und kombiniert ihr **uriges Ambiente** geschickt mit einer modernen und überraschenden Getränkeauswahl.

Aus den sieben Fasshähnen sprudelt neben Kölsch, Pils und Helles auch immer ein wechselndes Craftbier. Die 60 Flaschenbiere bringen zusätzliche **Vielfalt in die Kehlen der durstigen Gäste**. Regelmäßig sind in der Pinte Biersommeliers zu Gast, die in die Welt der besonderen Biere einführen und neue Sorten präsentieren. Am Wochenende ist die Kneipe bei **Studenten** sehr beliebt. Zu Fußballspielen treffen sich hier die Fans der unterschiedlichen Vereine. Und im Sommer kann man sein Bier auch auf dem kleinen **Freisitz** genießen.

➔ Breite Str. 46
53111 Bonn
Tel: 0178 1216512
www.facebook.com/PINTEBonn

INFO

Special: modernes Bierangebot in urigem Ambiente

Fassbiere: 7 Zapfhähne

Flaschenbiere: ca. 60

Food-Angebot: Snacks wie Nüsse

Sitzplätze: 50 innen und außen

Öffnungszeiten: Di-Sa ab 19 Uhr, bei Bundesliga samstags auch schon ab 15 Uhr, sonntags und feiertags abweichend

FOTOS: KUMPEL ERICH

Kumpel Erich

Im Restaurant Kumpel Erich wird mit einem Augenzwinkern der Blütezeit des Ruhrgebiets gedacht. Betritt man das Lokal, begibt man sich sofort ungewollt auf eine **Zeitreise in die 1950er** Jahre. Damals war die Arbeit unter Tage ein harter, aber gut bezahlter Job. Die Kumpel förderten so viel Kohle aus den Schächten wie nie zuvor. Die Hausfrauen hängten derweil **Spitzengardinen** in die Fenster und legten Wachstücher auf den Esstisch. Dieses Flair fängt Kumpel Erich ein.

Es gibt **Bratkartoffeln** in zehn Variationen, **Ochsenbraten** oder Schnitzel auf hausgebackenem Kartoffelbrot. Zum Nachtisch lockt das eigens kreierte Malzeis. Dazu wird **feinstes Bier** serviert. Vom Fass sprudeln hauptsächlich (aber nicht ausschließlich) die Kreationen von Braufactum. Dazu kommen 29 Flaschenbiere. Einmal im Monat lädt der Kumpel Erich seine Gäste zum „Bierprobiern" ein, damit sich in Zukunft jeder traut, beim Bestellen noch etwas mutiger zu sein.

➔ Kreuzstraße 87
44137 Dortmund
Tel: 0231 2063221
www.kumpel-erich.de

INFO

Special: einmal im Monat „Bierprobiern" – soll Lust auf neue Biere machen

Fassbiere: 9 Zapfhähne

Flaschenbiere: 29

Food-Angebot: westfälisches und deutsches Barfood - unaufgeregt, aber spannend und gut

Sitzplätze: 80 innen, 50 außen

Öffnungszeiten: Mo-Sa ab 17 Uhr, bei BVB-Heimspielen zweieinhalb Stunden vor Anpfiff

FOTO: FINKENKRUG

Finkenkrug

Keine zehn Gehminuten trennen die Universität Duisburg-Essen und den Finkenkrug. Wen wundert es da, dass das Publikum zu einem großen Teil aus **Studenten** besteht, die sich an den günstigen Essenspreisen und der einzigartigen Bierauswahl erfreuen. Je nach Wetter und Stimmung setzen sich die Gäste in den Innenraum, ins verglaste **„Aquarium"** mit Blick auf die Straße oder in einen **Strandkorb** auf dem Freisitz im Innenhof.

30 Fassbiere und knapp 300 Flaschenbiere stehen zur Auswahl. Aus den Zapfhähnen sprudeln viele Biere aus Deutschland, angefangen beim Augustiner „Edelstoff" über Köstritzer „Schwarzbier" bis Schneider Weisse oder Diebels „Alt". Daneben gibt es aber auch Guinness, Brooklyn „Lager" oder das Grimbergen „Double" vom Fass. Die über **300 Flaschenbiere** stammen von den unterschiedlichsten nationalen sowie internationalen Brauereien. Und Vielfalt wird im Finkenkrug nicht nur beim Bier großgeschrieben: Auch wer nur Lust auf eine Cola hat, kann aus zehn Sorten wählen.

➔ Sternbuschweg 71
47057 Duisburg
Tel: 0203 373200
www.finkenkrug.de

INFO

Special: im verglasten Aquarium sitzen und aus dem Fenster träumen

Fassbiere: 30

Flaschenbiere: ca. 300

Food-Angebot: Burger, Fingerfood, Pasta, Salat, Schnitzel, vegetarisches und veganes Essen, wechselnde Wochenkarte, Frühstück

Sitzplätze: über 200 (inkl. Biergarten)

Öffnungszeiten: Mo-Do 12-1 Uhr, Fr 12-3 Uhr, Sa 17-3 Uhr, So 11-1 Uhr (am 1. Januar geschlossen)

Hausmann's

Hier weiß der Gast gleich, was auf den Tisch kommt: Hausmannskost. **Unkompliziert, aber hochwertig**. Denn geführt wird das Restaurant in der Altstadt – eine Kombi aus Bistro und Brasserie – von dem erfahrenen Gastro-Duo Tim Mälzer und Patrick Rüther.

Auf der Karte finden sich **deftige Klassiker**, wie sie wohl die eigene Oma kochen würde. Wie wär's mit Sauerbraten oder Senfsuppe? Hähnchen und Haxe kommen aus der **hauseigenen Rotisserie**. Und weil zu gutem Essen auch gute Getränke gehören, kann zwischen **30 verschiedenen Bieren** gewählt werden, zehn davon frisch vom Fass. Das Interieur ist ein gelungener Mix aus Vintage und modernen Elementen. Viel Holz, viel Stahl, viel Kunst an den Wänden. Nackte Glühbirnen hier, Industrieleuchten da. Wer es besonders gut mit sich meint, gönnt sich den **Schokokuchen**. Der ist zwar nicht von Oma, aber von Tim.

PS: Ableger vom Hausmanns's finden sich in den Flughäfen von Düsseldorf und Frankfurt.

➔ Hafenstraße 9
40213 Düsseldorf
Tel. 0211 26101210
www.hausmanns-duesseldorf.de

INFO

Special: herrlich, deftige Klassiker und dazu frisches Bier vom Fass

Fassbiere: 10, davon ein bis zwei wechselnde

Flaschenbiere: ca. 20 mit dem Schwerpunkt nationale Craftbiere

Food-Angebot: bürgerliche Hausmannskost

Sitzplätze: 140 innen, ca. 80 außen, 45 im Festsaal

Öffnungszeiten: Mo-Sa 12-15 Uhr und 18-22 Uhr, Fr/Sa bis 23 Uhr, So 10-15 Uhr Brunch

FOTO: SABRINA WENIGER

Holy Craft Beer Bar

Düsseldorf als Bierstadt ist bereit, über den Gläserrand von Altbier hinauszuschauen, waren sich die Freunde Thorsten Kulmann und Sebastian Knepper sicher und eröffneten im Mai 2017 die **erste Craftbier-Bar der Stadt**, in der Liefergasse am Rande der Düsseldorfer Altstadt. Mit Backsteinen an der Wand, dunkelbraunen Ledersofas und Sitzbänken aus Paletten strahlt die Holy Craft Beer Bar einen hohen Gemütlichkeitsfaktor aus.

Regelmäßig veranstalten sie nun **Tap Takeover**, Tastings und Events mit Live-Musik in der Bar, deren Grundlagen mit dem gleichnamigen Shop geschaffen wurden (siehe S. 122). Bei der Bierauswahl legen sie Wert auf einen regionalen Schwerpunkt, etwa 60 Prozent der Biere kommen aus der Gegend und aus Deutschland. Mit dem „Dölsch" haben sie auch ein **eigenes Bier am Hahn:** Ein Wiess, also ein unfiltriertes Bier Kölscher Brauart, das Sebastian Sauer von Freigeist Bierkultur für sie einbraut. Und das mitten in Düsseldorf!

➔ Liefergasse 11
40213 Düsseldorf
Tel: 0211 30049600
www.facebook.com/HolyCraftBeerBar

INFO

Special: Wiess-Hausbier „Dölsch", ein unfiltriertes Bier Kölscher Brauart

Fassbiere: 12 wechselnde Biere vom Fass

Flaschenbiere: ca. 90 Flaschenbiere

Food-Angebot: Snacks und bierbegleitende Speisen

Sitzplätze: 80 innen, 80 außen

Öffnungszeiten: Di-Do 17-24 Uhr, Fr 17-1 Uhr, Sa 15-1 Uhr

FOTOS: THE IRISH BAR

The Irish Bar

Der Pub The Irish Bar bietet wohl so ziemlich alles, was man von einem Pub erwarten darf. Über **16 riesige Fernseher** flimmern je nach Saison Fußball, American Football, Basketball oder Baseball. Wenn die Bildschirme Pause haben, heizen die Gäste von Mittwoch bis Samstag mit **Karaoke** die Stimmung an. Und natürlich kann man sich auch einfach entspannt an die Bar oder nach draußen setzen und einen Drink bestellen.

Neben **exzellenten Cocktails** müssen sich auch die Biere nicht verstecken. Bei sechs Fass- und 80 Flaschenbieren lassen jene vom Zapfhahn mit Guinness, Kilkenny, Stowford noch die Verbindung zu Irland erkennen. Bei den Flaschenbieren indes geht es weitaus internationaler zu. Der Fokus liegt auf Marken aus dem angelsächsischen Raum und den USA, unter anderem stehen Biere von Flying Dog, Stone Brewing und der Brooklyn Brewery kühl.

➔ Hunsrückenstr. 16
40213 Düsseldorf
Tel: 0211 97178158
www.theirishbar.de

INFO

Special: wer Karaoke mag, Bildschirmgeflimmer und tolle Biere – der muss hierher

Fassbiere: 6 (Veltins, Frankenheim, Guinness, Kilkenny, Stowford sind fest am Hahn, dazu ein wechselndes IPA)

Flaschenbiere: ca. 80

Food-Angebot: –

Sitzplätze: 110 innen, 28 außen

Öffnungszeiten: So-Do 11.30-1 Uhr, Fr/Sa 10-4 Uhr

Hudson's

Das Hudson's ist teils Restaurant, teils Bar mit **exzellenter Auswahl** an Craftbier. Das Design des großzügigen Restaurantbereichs versetzt einen gedanklich direkt nach **New York City**. Von der Decke hängen **Kronleuchter**, die Tische sind aus dunklem Holz und die Wände unverputzt oder edel tapeziert. Auf der internationalen Speisekarte findet man vor allem Pizza, Pasta, Burger und Steak. Eine riesige gläserne Vitrine präsentiert die große Auswahl an Wein und Spirituosen.

Wer keinen Hunger hat, sondern einfach auf ein gutes Bier aus ist, der setzt sich in den Barbereich oder bei schönem Wetter in den **weitläufigen Biergarten**.

Doch egal, wo man Platz nimmt: Überall werden mehr als 50 Craftbiere in Flaschen ausgeschenkt. Ein Schwerpunkt liegt auf US-amerikanischen Bieren, doch auch britische und belgische Biere sind gut vertreten. Besonders beliebt sind die Pale Ales und IPAs, aber gerade im Sommer löschen viele Gäste mit einem der unterschiedlichen **Cider** ihren Durst.

➔ Girardet Straße 2
45131 Essen
Tel: 0201 54505270
www.hudsons-essen.com

INFO

Special: zu Gast im Restaurant, wähnt man sich glatt in New York

Fassbiere: 3 (vor allem aus den USA, Großbritannien, Belgien)

Flaschenbiere: ca. 50

Food-Angebot: Pizza, Pasta, Steaks

Sitzplätze: 190 innen, 150 außen

Öffnungszeiten: Mo-Do 12-14.30 und 17-24 Uhr, Fr 12-14.30 und 17-4 Uhr, Sa 17-4 Uhr

FOTO: SASCHA KREKLAU

Kohlecraftwerk

Wer Burger vom Holzkohlegrill mag, wird das Kohlecraftwerk lieben. Im belebten Essener Viertel Rüttenscheid gelegen, treffen sich hier **Burgerfans und Craftbier-Liebhaber** auf einen gemütlichen Abend. Das Lokal versprüht **Industriecharme** mit seinen offen verlegten Lüftungsrohren und den bewusst auf alt gestylten Wänden.

Den Hunger stillt man hier am besten mit einem saftigen Burger, den es auch in einer vegetarischen Variante gibt. Die Pommes dazu sind natürlich selbst gemacht. Man dippt sie nicht in schnödes Ketchup und Mayo, sondern zum Beispiel in Salsa Verde, Aioli oder Teriyaki-Sauce. Außerdem werden auch Caesar Salad, Beetroot-Coconut-Soup oder Veggie Scotch Egg serviert. Am Hahn hängen natürlich die **Hausbiere**, also Kohlecraftwerk „Helles" und „Weizen", sowie das Trappistenbier La Trappe „Isid'or". Die Flaschenbierauswahl umfasst unter anderem das „Drunken Sailor" von Crew Republic, das „Pale Ale" von Maisel & Friends sowie das „Friday" von And Union.

➔ Rüttenscheider Str. 14
45128 Essen
Tel: 0201 87777590
www.kohlecraftwerk.de

INFO

Special: Holzkohlegrill und Hausbier

Fassbiere: 4 Zapfhähne

Flaschenbiere: ca. 30

Food-Angebot: Burger, Fisch und Fleisch vom Holzkohleofen

Sitzplätze: ca. 70 innen, ca. 20 außen

Öffnungszeiten: Mo-Fr 12-15 Uhr, 17.30-22 Uhr (Küche), Sa 17-22 Uhr (Küche)

FOTOS: THE SHAKESPEARE PUB

The Shakespeare Pub

Beim Shakespeare Pub verrät schon der Name, dass es sich hier um eine **englische Bar** handelt. Aber Bar ist eigentlich zu tiefgestapelt. Schließlich bietet der Shakespeare Pub nicht nur eine großartige Auswahl an 12 Fass- und knapp 60 Flaschenbieren. Er verführt seine Gäste auch kulinarisch mit speziellen Degustationsmenüs. **Fünf Biere** und **fünf Gänge** sind hinsichtlich ihrer Aromen optimal aufeinander abgestimmt. Für Liebhaber von Destilliertem gibt es auch ein Whiskey-Degustationsmenü.

Wem der Sinn eher nach etwas Einfachem steht, der kann seinen Hunger natürlich auch mit ganz klassischem **englischem Bar Food** stillen. Die Küche bietet Fish & Chips, Burger und Pub Sandwiches höchster Qualität. Die kulinarische Vielfalt spiegelt sich auch im Publikum wider. Da treffen knobelnde Rentner auf tratschende Studenten, der Musikprofessor auf den Handwerker. Für den Inhaber Nathaniel Stott ist genau das die Aufgabe eines Pubs. Sie sollen eine Art offenes Wohnzimmer sein und **Menschen zusammenbringen**.

→ Hauptstraße 38
58313 Herdecke
Tel: 02330 12676
www.the-shakespeare.pub

INFO

Special: wie ein offenes Wohnzimmer – hier treffen sich Menschen aller Millieus

Fassbiere: 12 Biere (deutsch, englisch, irisch und belgisch)

Flaschenbiere: ca. 60

Food-Angebot: Fish & Chips, British Burger, Pub Sandwich, Degustationsmenüs

Sitzplätze: 50 innen, 20 außen

Öffnungszeiten: täglich ab 17 Uhr

FOTO: CRAFTBEER CORNER COELN

Craftbeer Corner Coeln

Der Craftbeer Corner Coeln hat sich mitten in der Kölsch-Hochburg seine ganz **eigene Ecke** erobert. Eröffnet 2016, ist es das erste Tap House für Craftbier-Spezialitäten in Köln. Zentral gelegen in der Altstadt, erstreckt es sich über zwei Ebenen. Vielleicht weil man im Team untereinander befreundet ist, geht's auch insgesamt **locker** und sehr **gesellig** zu.

Im Untergeschoss befindet sich mit Theke und Taps das Herzstück. Und an den 15 Zapfhähnen macht den kölschen Jungs in Sachen Vielfalt wohl kaum einer was vor. Nur die Hausbiere haben ihren festen Platz, darunter das **„Veedels Wiess"**. Ein unfiltriertes Bier nach Kölner Brauart, das Sebastian Sauer von Freigeist Bierkultur exklusiv einbraut. An den übrigen Taps wird **munter gewechselt**. Die goldene Regel: Ein Bier darf nie zweimal hintereinander an den Hahn. Lange halten die 30 l-Kegs sowieso selten. Ausgeschenkt werden nur Biere kleiner, unabhängiger Brauereien. Mehrmals im Monat steigen Tastings, Braukurse oder Tap Takeover.

➔ Martinstr. 32
50667 Köln
www.craftbeercorner.de

INFO

Special: die Atmosphäre ist freundschaftlich-locker, das Hausbier „Veedels Wiess" eine Wucht

Fassbiere: 15, 13 davon in Rotation

Flaschenbiere: 45 feste Flaschenbiere, ca. 30 wechselnde saisonale und exklusive Biere sowie Sharing-Bottles

Food-Angebot: diverses Knabberzeug, Käseplatte

Sitzplätze: 60

Öffnungszeiten: Mo-Do 18-24 Uhr, Fr/Sa 17-1 Uhr

FOTOS: RALF BAUER

Maria Eetcafé

Ein Eetcafé ist eine zutiefst **niederländische Institution**. Hier werden landestypische Gerichte serviert, oft begleitet von einer exzellenten Bierauswahl. Das Maria Eetcafé bringt dieses Konzept nach Köln. Neben den hausgemachten, zweifach frittierten Pommes Frites sind auch **Bitterballen** (frittierte Fleischbällchen), **Vleeskroket** (Fleischkroketten) oder **Kaassoufflée** (Käsetaschen) im Angebot. Außerdem Sandwiches und Waffeln.

Die Bierkarte fokussiert sich auf belgische und holländische Spezialitäten. Wer es herb mag, verlangt Orval oder Chouffe Houblon, Malzliebhaber genießen Corsendonk Pater oder Westmalle Dubbel. Und wer seine Bestellung mit „Eigentlich trinke ich gar kein Bier…" beginnt, der wird mit Hoegaarden Rosé, Delirium Red oder Mort Subite Gueuze umgarnt.

Und was hat es mit den vielen Marienfiguren auf sich? Der Vorbesitzer hatte bei seinem Auszug ein **Marienbild** zurückgelassen. Es blieb hängen und erhielt im Laufe der Zeit Gesellschaft.

➔ Hans-Böckler-Platz 1-3
50672 Köln
Tel: 0221 94657878
www.maria-koeln.de

INFO

Special: authentisches Eetcafé mit spitzer Bierauswahl nebst einer Sammlung von Marienfiguren

Fassbiere: 6

Flaschenbiere: ca. 37

Food-Angebot: hausgemachte belgische Pommes, viele frittierte Kleinigkeiten, Salate

Sitzplätze: 70 innen, 100 außen (im Sommer)

Öffnungszeiten: Mo-Fr 17-24 Uhr, Sa 15-1 Uhr, So 15-22 Uhr

FOTO: HOLGER EICHNER BAUER

MühlenBar

Mitten in der Kölner Altstadt lockt die Mühlenbar **Nachtschwärmer** in ihre modern eingerichteten Räumlichkeiten. Direkt neben der Brauerei zur Malzmühle, der zweitältesten Brauerei Kölns, kann man **nicht nur Kölsch**, sondern auch eine große Auswahl an Craftbier genießen. Auf der Karte finden sich etwa 40 regionale sowie internationale Bierspezialitäten. Aus den zwei Zapfhähnen fließt das hauseigene Kölsch sowie ein wechselndes, **selbstgebrautes Craftbier**.

Wer eher auf Mixgetränke steht, der probiert sich einfach durch zwölf verschiedene **Kölsch-Cocktails**. Zum Beispiel den Kölschjito oder den Jubiläums-Cocktail 1858. Eine eigene Speisekarte hat die Mühlenbar nicht, Gäste können stattdessen alles bestellen, was im benachbarten Brauhaus angeboten wird. Die Karte umfasst vor allem deftige Gerichte, wie das traditionelle **Himmel un Äd**, Sauerbraten, Schweinshaxe oder Rumpsteak.

➔ Heumarkt 6
50667 Köln
Tel: 0221 92160613
www.facebook.com/muehlenbar

INFO

Special: Kölschjito und Bierrinha - Kölsch im Cocktail? Schmeckt!

Fassbiere: 2 Zapfhähne

Flaschenbiere: ca. 40 regionale und internationale Spezialitäten

Food-Angebot: was die Brauhauskarte bietet - von gegrillter Haxe und selbst eingelegtem Sauerbraten über Fisch und Geflügel bis zu vegetarischen Speisen

Sitzplätze: 30 innen, 10 außen

Öffnungszeiten: Di-Sa ab 18 Uhr

FOTOS: FINNE

Finne

Seit 2016 gibt es den Brewpub Finne im Herzen von Münster. Dort trifft regionale Verwurzelung auf die Leidenschaft für kreatives Bier. Weil sich in den Rezepten Einflüsse aus der ganzen Welt finden, wird es dem Gaumen nie langweilig. Vom Hahn sprudeln zum einen die vier allzeit verfügbaren, **hauseigenen Bio-Biere**: die traditionellen Sorten Helles und Weizen sowie die Craftbier-Evergreens IPA und Pale Ale. Dazu kommen noch neun andere, ständig wechselnde Craftbiere vom Fass.

Der Gastraum ist **modern und gleichzeitig rustikal** eingerichtet. An der unverputzten Backsteinwand hängen aus Holzpaletten gezimmerte Regale. Die hellen Holzmöbel, die auffälligen Kupferrohre und die Retro-Fliesen geben dem Brewpub ein charmantes Ambiente irgendwo zwischen schwedischem Landhaus und New Yorker Szenebar. Direkt hinter dem Tresen thronen die **glänzenden Braukessel**. Hier werden saisonale Spezialitäten gebraut und neue Rezepte ausprobiert. Bei der großen Finne-Verkostung kann der Gast dann auch gleich zehn Biere auf einen Streich probieren.

➔ Kerßenbrockstraße 8
48147 Münster
Tel: 0251 74867004
www.finne-brauerei.de

INFO

Special: ein bisschen Schweden, ein bisschen New York, ganz viel leckeres Bio-Bier

Fassbiere: 13 Zapfhähne

Flaschenbiere: 8

Food-Angebot: Flammkuchen, Chilli con und sin Carne, Brezeln, Wurst, Käse, ggf. saisonale Gerichte

Sitzplätze: 50 innen, 30 außen

Öffnungszeiten: Di-Do 18-23 Uhr, Fr/Sa 18-24 Uhr

Hessen & Rheinland-Pfalz

Ja, das Bier hat es in den (Apfel)Wein-geprägten Bundesländern Hessen und Rheinland-Pfalz mitunter noch etwas schwer. Na und? Feierfreudig und genussorientiert sind die Leute allemal – beste Voraussetzungen also, um mit spannenden Bars, Pubs und Kneipen neue Bierfans zu gewinnen.

FOTO: YOUTUBE: THE DANIEL LIFE

Flippig-charmant:
Drinksmith, Frankfurt Seite 84

FOTOS: DANIEL FUSS

Der Amerikanische Freund

Die Bar Der Amerikanische Freund befindet sich im Süden von Hessen. Einer Gegend, die traditionell eher dem Wein zugewandt ist. Vielleicht brauchte es deshalb **zwei Nordamerikaner**, Steve aus den USA und Kris aus Kanada, um hier kreatives Bier unter die Leute zu bringen. Sieben frischgezapfte Biere sind im Lokal verfügbar. Etwa die Hälfte davon stammt aus der **hauseigenen Kleinbrauerei**, die Stile wechseln ständig und reichen von Cream Ale über IPA bis hin zu Ginger Beer.

Wer hungrig ist, der bekommt kleine Snacks wie Flammkuchen, Pizzazungen oder gefüllte Strudel in süßen oder herzhaften Variationen gereicht. Wenn sich das Loch im Magen dadurch nicht stopfen lässt, kann man sich auch Essen in die Bar liefern lassen. Im 1. Obergeschoss befindet sich ein **Wappensaal**, in dem bis zu 100 Gäste Platz haben. Regelmäßig finden hier **Konzerte lokaler Bands** und Singer-Songwriter statt.

➔ Dalbergergasse 15
64625 Bensheim
Tel: 06251 7709687
www.deramerikanischefreund.com

INFO

Special: hauseigenes Bier und Live-Konzerte

Fassbiere: 7, davon 3-4 mit selbstgebrautem Bier

Flaschenbiere: –

Food-Angebot: Snacks wie Flammkuchen, Pizzazungen oder gefüllte Strudel

Sitzplätze: 45 innen, 25 außen

Öffnungszeiten: Mi/Do 18-22 Uhr, Fr/Sa 18-24 Uhr

Maltbar

Die Maltbar ist eine klassische Bar, die neben exzellentem Craftbier auch eine umfassende Auswahl an Whisk(e)y, Cocktails und Spirituosen bietet. Man kann dort in einen der schweren, **schwarzen Ledersessel** plumpsen und bei einem guten Gespräch und sanfter Hintergrundmusik den Tag ausklingen lassen. Oder man setzt sich auf einen der **roten Barhocker** direkt an der Theke. Ganz egal, wo man Platz nimmt: Einen guten Ausblick auf die Getränkeauswahl hat man überall. Über die Wände der Maltbar ziehen sich **endlose Regalreihen**, in denen die flüssigen Spezialitäten präsentiert werden.

Die Gäste können aus 70 verschiedenen Craftbieren wählen. Besonders beliebt ist das „Choco Porter" von Maisel & Friends, das Belhaven „Oat Stout" oder das Rouge „7 Hop IPA". Eine noch größere Auswahl bietet die Maltbar im Bereich der Spirituosen. Neben den 365 Whiskyspezialitäten sind auch etwa 100 fassgelagerte Edelspirituosen und 120 Cocktails im Angebot – darunter auch zehn **Biercocktails!**

➔ Rheinstraße 41
64283 Darmstadt
www.maltbar.de

INFO

Special: klassische Bar mit einem spitzenartigen Mix von Craftbier, Whisk(e)y und Cocktails

Fassbiere: –

Flaschenbiere: 70 Craftbiere

Food-Angebot: nix da

Sitzplätze: 64 innen,
10 Plätze in der Cigar Lounge

Öffnungszeiten: Di-Do 18-24 Uhr,
Fr-Sa 18-2 Uhr

FOTO: BRAUSTIL

BrauStil

Der Brewpub BrauStil liegt im Frankfurter Nordend. Das Viertel war bisher nicht als Hotspot der Craftbier-Szene bekannt. Umso besser, dass diese lokale **Mikrobrauerei** das örtliche Bierangebot bereichert. Der kleine Innenraum des BrauStil ist mit italienischen Fliesen ausgelegt, die **Möbel sind aus alten Bauholzbohlen** gezimmert. Im Sommer kann man sich das Bier aber auch auf dem großen, überdachten Freisitz schmecken lassen.

Das Angebot am Zapfhahn wechselt ständig. In den vergangenen Jahren konnten die Gäste etwa **80 verschiedene Bierstile** ausprobieren. Die einzige Konstante ist das Helle.

Bei einer Verkostung, Führung oder gar einem gemeinsamen Brautag kann man mehr über die einzelnen Biersorten und die Brauerei erfahren.

→ Oeder Weg 57
60318 Frankfurt am Main
Tel: 069 98669557
www.braustil.de

INFO

Special: großer überdachter Freisitz

Fassbiere: bis zu 8

Flaschenbiere: meist 4

Food-Angebot: Fingerfood und kleine Gerichte

Sitzplätze: ca. 20 innen, ca. 60 außen

Öffnungszeiten: Mo-Do ab 16 Uhr, Fr/Sa ab 12 Uhr

Dicke Wutz

Im hessischen Dialekt wird die Sau auch Wutz genannt. Eine dicke Wutz ist also eine **fette Sau** und genau so heißt eine Restaurantkette in New York City, die als Vorbild für die Dicke Wutz in Frankfurt gedient hat. Die Inneneinrichtung ist im Stil einer amerikanischen Bar gehalten. Alte und neue Möbel stehen **bunt gemischt** zusammen, die Wände sind teils unverputzt, teils mit großformatigen Postern dekoriert. Jeden Samstagabend spielt eine Jazzband.

In diesem Ambiente genießen die Gäste der Dicken Wutz vor allem Gerichte aus dem Smoker und frisch vom Grill. Wer möchte, kann sich sogar einen eigenen **Holzkohlegrill** direkt am Tisch aufbauen lassen und darauf sein Fleisch auf die Sekunde genau braten. Viele der angebotenen Gerichte haben ihre Wurzeln in Amerika, sind aber nach hessischer Art verfeinert. Eine eigene umfangreiche Crafbier-Karte liefert ausführliche Beschreibungen zu den über 20 angebotenen Bieren und – besonderer Service – jeweils auch einen **Foodpairing-Tipp**.

→ Hanauer Landstraße 192
60314 Frankfurt am Main
Tel: 069 27274733
www.dicke-wutz.de

INFO

Special: Holzkohlegrill direkt am Tisch

Fassbiere: 5

Flaschenbiere: 24

Food-Angebot: authentisches US-BBQ

Sitzplätze: 160 innen, 35 außen

Öffnungszeiten: Mo-Fr 12-23 Uhr
Sa 15 Uhr bis open end, So 10.30-16 Uhr

FOTO: STEFAN LAUTERBACH

Drinksmith

Klein, aber fein. Mit ganz **besonderem Charme**. So ist die Drinksmith Bar in Frankfurt eingerichtet, so fühlt sie sich an. Gelegen im historischen Alt-Sachsenhausen, sind es nur wenige Gehminuten zum **Mainufer**. Den Namen verdankt die Bar ihrem Besitzer, dem gebürtigen Südafrikaner Zachary Smith.

Die lange Holztheke nimmt fast den ganzen Raum ein. Die Wand dahinter hat Zachary mit einem **Mosaik** aus verschiedenen Fliesen gestaltet. Die Farbe Blau dominiert – einfach wunderschön. Frisch vom Hahn gibt's sieben Biere. Darunter auch ein Hausbier: das Drinksmith Helle, das exklusiv in Kronberg eingebraut wird. Dazu kommen jeweils mehr als zehn Cocktails und Longdrinks, neben Klassikern auch ausgeflippte, eigene Kreationen. Wen der kleine Hunger plagt, für den gibt's Biltong: **getrocknetes Rindfleisch** – eine südafrikanische Spezialität.

Das Logo der Bar ist ein **Amboss,** denn Smith heißt schließlich Schmied. Der Name zeigt sich an vielen Stellen: Auf der Bar steht das stählerne Original, an den Wänden hängen gerahmte Drucke.

➔ Wallstr. 14
60594 Frankfurt am Main
www.facebook.com/
neighbourhoodbar.ffm

INFO

Special: sieben Tage die Woche geöffnet, das Hausbier „Drinksmith Helles"

Fassbiere: 7 Zapfhähne

Flaschenbiere: –

Food-Angebot: Fingerfood (Biltong, Gurken, Oliven, Nüsse)

Sitzplätze: 33 innen, 12 außen

Öffnungszeiten: So-Do 18-1 Uhr, Fr 18-3 Uhr, Sa 14-3 Uhr

FOTO: FLORIAN ZENK PHOTOGRAPHY

naïv

Wer in Frankfurt nach gutem Bier sucht, für den ist das naïv **ein Muss**. Es ist ja auch schon lange kein Geheimtipp mehr, dass es hier, am Fischerplätzchen, nur ein paar Gehminuten von Kaiserdom, Paulskirche und Römerberg entfernt, jede Menge gutes Bier gibt. Craft ist im ganzen Laden oberstes Gebot. Das Herzstück ist die große, **selbst gegossene Theke** aus Beton. Auch das große Spirituosenregal hinter der Bar haben die Gründer Christian Daam und Sascha Euler aus 6.500 kleinen Holzklötzen mühsam selbst verleimt.

Die Bierauswahl ist groß und die acht Zapfhähne sowie die Klemmbrett-Karte mit 150 bis180 Flaschen- und Dosenbieren bieten fast **täglich Neues**. Auch bei den Speisen wird auf Handwerk gesetzt. Die Nudeln sind hausgemacht, das Brot selbst gebacken. Spezialität sind die „Flats", eine Art aufgemotzter Flammkuchen. Die saisonale Karte wechselt alle vier bis sechs Wochen. Obendrauf gibt's ein Haus weiter den Store mit etwa 200 Bieren. Dort finden auch Veranstaltungen wie Bier- und Gin-Tastings, Braukurse und das „Craft Beer 1x1" statt. Hereinspaziert! Neu ist zudem die Dependance in Mainz (siehe S. 89).

➔ Fahrgasse 4+6
60311 Frankfurt
Tel.: 069 24404982
www.naiv-frankfurt.de

INFO

Special: bestes Handwerk – von der selbstgebauten Theke bis zur feinen Bierauswahl

Fassbiere: 8 Zapfhähne

Flaschenbiere: etwa 150-180

Food-Angebot: frische, hausgemachte Küche, abgestimmt auf Bier

Sitzplätze: 100 innen, 120 außen

Öffnungszeiten: Mo-Fr 17-1 Uhr, Sa/So 12-1 Uhr

FOTOS: FELIX SCHMITT

Wir Komplizen

Dieser Taproom beglückt **Fleischliebhaber** und **Veganer**.
Erstere erfreuen sich an Roastbeef oder Lammcarrées, letztere schlemmen Topinambur-Zitronen-Risotto oder probieren sich durch die Vesperplatte.
Auch Brunchfans und Kuchenfreunde kommen voll auf ihre Kosten.

Und natürlich gibt es zu jeder Tageszeit und zu jedem Essen das passende Bier. Wie wäre es denn mit einem New York Cheese Cake, dazu ein „Blueberry Maple Stout" vom Fass? Überhaupt trauen sich die Komplizen, **seltene und polarisierende Biere** an ihre zehn Zapfhähne zu hängen: Sauerbiere, 12-prozentige Imperial Stouts, Ales mit geräuchertem Kürbis oder Stouts mit Blaubeeren und Ahornsirup. Auch für **geistiges Futter** ist gesorgt. Im ganzen Lokal liegen Bücher herum: Spenden von der Frankfurter Buchmesse, die Gäste, ebenfalls gegen eine Spende, mitnehmen können. Wer lieber abschalten will, der setzt sich in den gemütlichen Innenhof und schiebt den Großstadtstress für eine Weile ganz weit weg.

➔ Egenolffstraße 17
60316 Frankfurt am Main
Tel: 069 83044805
www.wir-komplizen.de

INFO

Special: Taproom und jede Menge Geschichten: mit ungewöhnlichen Bieren in Lyrik und Prosa abtauchen

Fassbiere: 10

Flaschenbiere: ca. 20

Food-Angebot: wöchentlich wechselnde, kleine Abendkarte von vegan bis Fleisch; hier ist alles hausgemacht – auch der Kuchen

Sitzplätze: 42 innen, 23 in der Bar, 35 außen

Öffnungszeiten: Di/Mi 17-23 Uhr, Do 17-24 Uhr, Fr/Sa 16-1 Uhr, So 10-17 Uhr

FOTO: LE PETIT BELGE

Le Petit Belge

Von Anfang an verfolgte das Bistro Le Petit Belge ein Ziel: Es wollte die **belgische Genusskultur** in Deutschland bekanntmachen. Deshalb bietet die Speisekarte knusprige Pommes Frites, dampfende Waffeln, herzhaft gefüllte Crêpes und Galettes sowie zartschmelzende Pralinen. Und natürlich eine riesige Auswahl an belgischen Bierspezialitäten. Klassische Marken sind ebenso vertreten wie Biere kleinerer Brauereien, die aufgrund eines **Direktimports** teils ausschließlich hier erhältlich sind. Neben den typischen Abtei- und Trappistenbieren gibt es auch eine große Auswahl an Lambic und Gueuze, flämischen Rotbieren (Oud Bruin) und modernen hopfenbetonten Ales. Wer sich lieber ganz systematisch an das Thema belgische Biere herantasten will, dem sei eine **Bierverkostung** empfohlen.

Der Name des Lokals verweist übrigens auf einen ganz besonderen „kleinen Belgier". Gemeint ist der **Comic-Held Tim** und sein treuer Hund Struppi, die sich auch in der Deko des Cafébereichs widerspiegeln.

→ Wilhelmstr. 36
65183 Wiesbaden
Tel: 0611 1667720
www.petitbelge.de

INFO

Special: DER belgische Genusskulturbotschafter in Hessen

Fassbiere: keine

Flaschenbiere: ca. 200

Food-Angebot: Bistro-Küche (belgische Pommes, Crêpes, Galettes, Croques, Burger, Waffeln, Kuchen etc.)

Sitzplätze: Café: 16 innen, 6 außen
Bistro: 25 innen, 22 außen

Öffnungszeiten: Mo-Do 10-22 Uhr,
Fr 10 bis open end, Sa 9 bis open end

FOTO: HOP IN

Hop In

Die Bar Hop In in der Altstadt von Kaiserslautern besticht durch ihr **elegantes Ambiente** und eine erstklassige Auswahl an Craftbier. Die schwarzen Wände, die hohe Stuckdecke und die gemütlichen Sessel verbreiten ein Gefühl rustikaler Eleganz, wie man sie von Bars in New York City kennt. **Amerikanische Soldaten** von der nahe gelegenen Ramstein Air Base schätzen das, pilgern in Scharen hierher und bringen eine **herzlich-freundschaftliche Atmosphäre** mit.

Die Bierkarte ist entsprechend international aufgestellt. An den Zapfhähnen bekommt man vor allem belgische und britische Biere. Unter den Flaschenbieren stammen viele aus Nordamerika. Besonders beliebt sind das „Killer Cucumber Ale" von Steamworks Brewing und das „Chocolate Stout" von Samuel Smith. Ab und zu finden Tap Takeover statt, am Sonntag läuft – natürlich – **Football**.

➔ Steinstraße 15
67657 Kaiserslautern
Tel: 0176 30422046
www.facebook.com/pg/HopInKL

INFO

Special: internationales Publikum

Fassbiere: 10

Flaschenbiere: ca. 60

Food-Angebot: Nachos

Sitzplätze: ca. 80 innen, ca. 60 außen

Öffnungszeiten:
Mo-Do 17-1 Uhr, Fr 17-3 Uhr,
Sa 14-3 Uhr, So 17-1 Uhr

FOTO: NAIV

naïv

Sascha Euler und Christian Daam wissen, wie's geht. Ihr naïv-Konzept in Frankfurt läuft rund, deshalb haben sie erst vor Kurzem auch in Mainz, an der Ecke Rheinstraße/Mailandgasse, im ehemaligen Paulaner Braustüberl, einen Ableger eröffnet. Eine Mischung aus **Store, Bar und Event-Location.**

Mittwoch bis Samstag ist der Laden eine gute Shop-Adresse, um neue Biere zu entdecken. Hereinspaziert heißt es, wenn das naïv seine Türen als Bar öffnet. Mittelpunkt ist die selbst gegossene Theke aus Beton. Acht Biere sprudeln frisch vom Hahn. Einzeltische gibt es bewusst keine. Herzstück sind die zwei großen, handgemachten Holztische, an denen insgesamt 50 Gäste Platz haben. Der Gedanke: auch fremde Menschen sollen **miteinander sprechen**. Daam und Euler wollen so die Stimmung erzeugen, die sie von ihren Tasting-Abenden kennen. Dort entstehen stets lockere Tischgespräche, aber auch angeregte Diskussionen. Den Rest der Woche gibt's ein **üppiges Programm** mit Tastings, Braukursen, Cratfbier-Basiswissen und, und, und.

➔ Rheinstraße 45a
55116 Mainz
Tel.: 06131 4922385
www.naiv-mainz.de

INFO

Special: außergewöhnliches Konzept aus Store, Bar und Event-Location

Fassbiere: 8

Flaschenbiere: etwa 90 (+/- 20)

Food-Angebot: Flats, kreative Würste

Sitzplätze: 50 innen, 16 außen

Öffnungszeiten: Store: Mi-Sa 15-19 Uhr
Bar: immer im Anschluss
(an Tagen mit Tastings später)

FOTO: TORSTEN ZIMMERMANN

Sixties

Das rote Backsteinhaus mit den dunkelgrünen Tür- und Fensterrahmen erinnert schon von außen an einen britischen Pub. Innen wird man nicht nur optisch, sondern auch akustisch ins **England der 60er Jahre** zurückversetzt. Kein Wunder: Die Inneneinrichtung wurde einst aus einem echten Pub in England importiert. Wer immer noch nicht genug Nostalgie verspürt, der findet im Raucherbereich einen Kicker, einen Flipper und eine Dartscheibe.

Doch von dem gemütlich-urigen Ambiente sollte man sich nicht täuschen lassen. Die Getränkekarte ist **alles andere als altbacken**. Die Gäste können aus einem phänomenalen Biersortiment wählen. 40 feste und 10 wechselnde Spezialitätenbiere sind im Angebot, 18 davon kommen vom Fass. Die **moderaten Preise** und die Lage direkt in der Mainzer Innenstadt haben das Sixties bei Studenten wie Rentnern zu einem beliebten Einkehrpunkt gemacht. Kleines Extra: Der Bus hält direkt vor der Tür. Eine **sichere Heimfahrt** ist garantiert.

→ Große Langgasse 11
55116 Mainz
Tel: 06131 220560
www.facebook.com/SixtiesMainzPub

INFO

Special: englische Pub-Atmosphäre mitten in Mainz

Fassbiere: 18

Flaschenbiere: 100 + X

Food-Angebot: hausgemachte Küche, regelmäßige Wochenkarte

Sitzplätze: 100 innen + 60 Raucherbereich, 40 außen

Öffnungszeiten: So-Do 11-1 Uhr, Fr/Sa 11-2 Uhr

Baden-Württemberg

Karlsruhe, Mannheim und Stuttgart – diese drei Städte geben in Sachen Bier momentan den Ton in Baden-Württemberg an. Vom viktorianischen English-Pub über das BBQ-Restaurant bis zum szenigen Craftbier-Taproom ist alles dabei.

FOTO: MOUHAMMAD ZEINO

Handarbeit: Taproom Jungbusch, Mannheim Seite 95

FOTO: PHONO BAR

Phono Bar

Wenn die Sonnenstrahlen einen an der Nase kitzeln, die **grünen Palmen** auf dem Freisitz das Gefühl von **weite Welt** wecken und die Reggae-Musik einen gedanklich in die Karibik transportiert – dann ist Donnerstag in der Phono Bar. Im Phono lassen immer ganz unterschiedliche DJs die **Plattenteller** kreisen und bringen mit Funk, Jazz, Blues, Latin, Elektro oder Rock die Füße zum Wippen. Die musikalische Untermalung bietet den perfekten Rahmen für ein **weltoffenes Trinkspektakel**.

Genauso bunt wie die Musik ist auch das Angebot an Craftbier. Neben 70 bis 80 Flaschenbieren gibt es immer sechs Spezialitäten vom Fass.

Auf Wunsch organisiert der Inhaber Thomas Elischer auch **Verkostungen**. Melden sich mindestens vier Personen an, erfahren sie direkt alles über Herstellung und Eigenschaften der Bierspezialitäten. Natürlich gibt auch das kundige Personal immer gerne Auskunft. Wer vom Bier eine Pause braucht, der bekommt im Phono auch eine große Auswahl an Pfälzer Weinen, Gin und Whiskey.

➔ Karl-Wilhelm-Straße 6
76131 Karlsruhe
Tel: 0721 6699298
www.phono.bar

INFO

Special: hier spielt die Musik - Funk, Jazz, Blues, Latin, Elektro und Rock

Fassbiere: 6 Zapfhähne

Flaschenbiere: ca. 70 bis 80

Food-Angebot: selbstgemachte Flammkuchen, Bierwürste, Bier-Eintopf

Sitzplätze: 65 innen, 50 außen

Öffnungszeiten: Mo 17-24 Uhr, Di/Mi 17-1 Uhr, Do-Sa 17-2 Uhr

FOTO: PAUL GAERTNER

Oxford Pub

Der Oxford Pub befindet sich in unmittelbarer Nähe der Universität in Karlsruhe. Deshalb zieht die Burger-Bar mit den rot gestrichenen Wänden und den dunklen Holzmöbeln besonders **viele Studenten** an. Aber auch jeder andere, der gutes Bier und gute Burger zu einem fantastischen Preis-Leistungs-Verhältnis schätzt, ist hier herzlich willkommen.

Am ersten Tresen findet man sieben Zapfhähne, drei davon sind für **englische** und **irische Biere** reserviert. Am zweiten Tresen wählt man aus über 60 verschiedenen Flaschenbieren. Darunter sind lokale Spezialitäten wie die Biere der Mannheimer Eichbaum-Brauerei. Aber auch zahlreiche englische sowie internationale Biere sind im Angebot. Verkaufsschlager sind unter anderem das Ginger Beer von Stone und das Trappistenbier „St. Bernardus Abt 12". Hungrige Mäuler erfreuen sich an den Burgern, die entweder mit Fleisch, vegetarisch oder sogar vegan bestellt werden können. Dazu gibt es Maultaschen, Käsespätzle sowie ein täglich wechselndes Tagesangebot.

➔ Fasanenstraße 6
76131 Karlsruhe
Tel: 0721 46716285
www.oxfordpub.de

INFO

Special: tolle Biere und herrliche Burger zu fantastischen Preisen

Fassbiere: 7 (3 sind fest für englische und irische Biere reserviert)

Flaschenbiere: ca. 60 (lokale, englische und internationale)

Food-Angebot: günstige Tageskarte, deutsche Klassiker (Maultaschen, Käsespätzle) sowie Pasta und Burger

Sitzplätze: 220 innen, 80 außen

Öffnungszeiten: Mo-Sa 11-2 Uhr, So 12-2 Uhr

FOTO: ERIK JESSIE

Die Fette Wutz

Der Name der Fetten Wutz, gelegen in den Mannheimer Quadraten, ist selbsterklärend. Der Besucher weiß gleich, dass es hier wohl um Fleisch geht. Auf zwei Stockwerken erstreckt sich über 500 Quadratmetern das erste **Texas Barbecue-Restaurant** in der Region. Herzstück des Ladens ist ein **Rotisserie-Smoker**, in dem das Fleisch langsam und bei schwacher Hitze bis zu 16 Stunden gegart wird. Zwar holt sich der Gast sein Essen an der Theke selbst, zubereitet wurde es aber sorgsam über mehrere Stunden hinweg.

Und bei typisch amerikanischem BBQ ist das **Craftbier natürlich nicht weit**. Acht Biere gibt es frisch vom Hahn, zwei davon wechseln regelmäßig. Bei der Auswahl der 45 Flaschenbiere wird sowohl der **traditionelle Biertrinker** als auch der **Craftbier-Liebhaber** bestens versorgt. So stehen neben Beck's und Franziskaner auch BrewDog, Jopen und Sierra Nevada auf der Karte. Für das urbane Interieur im Used-Look wurden liebevoll viele Einzelteile kombiniert. In der Ecke mit den alten Polstermöbeln möchte man sich unbedingt niederlassen. Fast-Food-Touch hin oder her.

➔ N 6, 3
68161 Mannheim
Reservierungen ab 8 Personen über
info@diefettewutz.de
www.diefettewutz.de
www.facebook.com/diefettewutz

INFO

Special: urbanes Interieur im Used-Look

Fassbiere: 8, 3 wechselnde

Flaschenbiere: 45

Food-Angebot: geräuchertes Fleisch in Menge

Sitzplätze: 220 innen, 80 außen

Öffnungszeiten: Mo/Di 11.30-22 Uhr, Mi 11.30-15 Uhr, 17-22 Uhr
Do 11.30-22 Uhr, Fr/Sa 11.30-23 Uhr

FOTOS: MOUHAMMAD ZEINO

Taproom Jungbusch

Hier, in einer Seitenstraße im beliebten Szene-Stadtteil Jungbusch, hat Inhaber Ben Vivell 2015 die **erste Craftbier-Bar Mannheims** eröffnet. Die Front ist fast komplett verglast, die Bar hell und einladend, das viele Holz wirkt warm. Die Bodendielen haben Ben und sein Partner Brandon eigenhändig verlegt, ebenso die Bar mit Holzlatten verkleidet. Auch die Tische sind selbst gebaut.

Hingucker sind die Tap Handles an den zwölf Zapfhähnen: ein alter Super Nintendo-Controller etwa, ein Bowling-Pin oder ein Oldschool-Telefonhörer. Ben hat sie extra von Reisen in die USA und aus Kanada mitgebracht. Am Hahn sind **drei selbstgebraute Hausbiere:** ein Pale Ale, ein Red Ale und ein IPA. Ihre Biere kaufen sie in kleinen Mengen ein, damit unkompliziert gewechselt werden kann. Mehrmals die Woche wird das Angebot auf der Karte, in der auch 30 Flaschenbiere zu finden sind, aktualisiert.

Am Wochenende ist immer viel los im Jungbusch. Am allerschönsten ist es natürlich im Sommer. Dann werden vor dem Taproom die **schwarzen Bierbänke** für ein gemütliches Feierabendbier aufgebaut.

➔ Beilstraße 4
68159 Mannheim
Tel: 0621 31958881
www.facebook.com/TaproomJungbusch

INFO

Special: drei selbstgebraute Hausbiere: Jungbusch Ale (Pale Ale), NachtwandALE (Red Ale), Taproom IPA (IPA)

Fassbiere: 12 Zapfhähne

Flaschenbiere: ca. 30, ständig wechselnd

Food-Angebot: Gulaschsuppe

Sitzplätze: 70 innen, 72 außen

Öffnungszeiten: Di-Do 18-24 Uhr, Fr/Sa 18-2 Uhr

FOTOS: TORBEN JÄGER

87

Oftmals liegt das Gute nah. Und so ist das 87 schlicht nach seiner Hausnummer benannt. Es ist ja auch kaum zu übersehen, **dieses imposante Gebäude**, das um die Jahrhundertwende gebaut wurde, mitten in Bad Canstatt, nahe der Wasen. Drinnen duftet es aus der **offenen Küche** nach gegrilltem Fleisch: nach frischen Burgern und Steaks. In ganz Stuttgart ist das 87 das einzige Restaurant mit eigenem Barbecue-Smoker. Zwischen sechs und zwölf Stunden wird hier das Fleisch gegart, mehrmals in der Woche gibt es Pulled Pork und Spareribs.

Passend dazu kann zwischen 50 Bieren von nationalen und internationalen Brauereien gewählt werden. Aus den acht Hähnen sprudeln Biere von Maisel & Friends, And Union oder BRLO. Ganz zufällig ist die Inhaberin Simone Bletsas vor Jahren über ein Bier von Crew Republic gestolpert – seitdem hat sie das Thema Craftbier nicht mehr losgelassen. Heute ist sie **Biersommeliére** und bietet in ihrem Restaurant regelmäßig Bierseminare und Tastings an.

➔ König-Karl-Str. 87
70372 Stuttgart
Tel: 0711 93595333
www.87-stuttgart.de
www.facebook.com/87stuttgart

INFO

Special: der einzige Barbecue-Smoker in der Stadt

Fassbiere: 8 Zapfhähne

Flaschenbiere: 40

Food-Angebot: amerikanisch, eigener Smoker (Pulled Pork, Ribs, Brisket), Steaks & Burger

Sitzplätze: 100 innen

Öffnungszeiten: Di-Do 17.30-24 Uhr, Fr/Sa 17.30-1 Uhr, So/Mo geschlossen jeden ersten So Brunch 10-15 Uhr

FOTO: MAULWURF

Maulwurf

Der Maulwurf in Stuttgart ist, zumindest optisch, **eine Kreuzung aus Wiener Kaffeehaus und britischem Pub**. Die alten Holzdielen, die gusseisernen Säulen und die blanken Backsteinwände lassen noch erahnen, dass an dieser Stelle einst ein Kolonialwarenladen residierte.

Heute treffen sich hier Jung und Alt, um gute Single Malts und exklusive Biere zu probieren. Die Betreiber verfolgen dabei eine langfristige Mission. Es geht ihnen nicht darum, ihren Kunden das verrückteste Bier zu präsentieren, das aktuell am Markt verfügbar ist. Stattdessen wollen sie ganz generell erreichen, dass dem Gerstensaft wieder mehr **Wertschätzung** entgegengebracht wird.

Ganz gleich, ob es sich um ein traditionelles Weißbier aus der Oberpfalz oder ein New England IPA aus den USA handelt. Aktionen wie die „Wunderbaren Weizen-Wochen" oder der Herbstfest-Bieranstich sollen Gästen die Vielfalt des Bieres näherbringen. Und immer wenn der VfB Stuttgart spielt oder Tatort-Zeit ist, dann rollt der Maulwurf die **große Leinwand** aus. In unregelmäßigen Abständen gibt es zudem **Lesungen, Live-Musik oder Whisky-Verkostungen**.

➔ Möhringer Landstraße 9
70563 Stuttgart
Tel: 0711 673 24 06
www.maulwurf-stuttgart.de

INFO

Special: Single Malts und exklusive Biere auf Augenhöhe

Fassbiere: 6 Zapfhähne

Flaschenbiere: 40 bis 60

Food-Angebot: Flammkuchen, Schnitzel, wechselnde Tageskarte

Sitzplätze: 90 innen, 60 außen

Öffnungszeiten: Mo-Do 17-1 Uhr, Fr 17-2 Uhr, Sa 19-2 Uhr, So 19-24 Uhr

Bayern

Es gibt ein Leben jenseits von traditionell-zünftigem Brauhaus, Haxe, Lederhose und klassischem Weißbier. Das beweisen unsere frischen Bierlokale in Bayern, die neue Akzente setzen und die Tradition dabei keineswegs mit Füßen treten.

Ungezwungen genießen:
Bieramt, Nürnberg Seite 110

FOTO: GERT KRAUTBAUER

The Drunken Monkey

Holz, Backsteine und an den Wänden bunte Skateboards. Wer das sieht, der weiß, dass er inmitten der malerischen Augsburger Altstadt The Drunken Monkey und damit die **größte Bierauswahl der Stadt** gefunden hat. Im Shop kann man bis zu 350 Biere kaufen, an der Bar werden davon etwa 200 ausgeschenkt. **Fachmännische Beratung** natürlich inklusive. Verkaufsschlager sind die Biere der örtlichen Brauerei Frau Gruber.

Auch sonst ist das Angebot an fränkischen und bayerischen Bieren groß. Prominent vertreten sind zudem Brauer aus Dänemark und Schweden, allen voran To Øl aus Kopenhagen. Das zieht junge wie ältere Craftbier-Liebhaber gleichermaßen an. Selbst der Wirt, der in dieser Location vorher seine Kneipe betrieben hat, schaut regelmäßig mit seinen Spezln (guten Freunden) vorbei. Essen wird im Drunken Monkey nicht serviert, darf aber gern selbst mitgebracht, beim Nachbarn gekauft oder beim Lieferdienst bestellt werden. In unregelmäßigen Abständen schallt zudem **Live-Musik** von Bands durch die Räume oder DJs lassen die Platten kreisen.

➔ Auf dem Rain 5
86150 Augsburg
www.facebook.com/thedrunkenmonkeyaugsburg2015

INFO

Special: Augsburgs größte Bierauswahl

Fassbiere: häufig 1-2 Fässer als Special

Flaschenbiere: ca. 200 in der Kneipe und 300-350 im angrenzenden Shop

Food-Angebot: –

Sitzplätze: 60 innen, 20 außen

Öffnungszeiten: Mi-Sa 18-1 Uhr

Kronprinz

Man mag es königlich im Kronprinz in Bamberg, der bei seiner Gründung noch Erlkoenig hieß. Aber nicht nur, was den Namen betrifft. Roggenkoenige heißen hier auch die **Roggenfladen** aus dünn ausgerolltem Roggensauerteig, der variantenreich belegt und mit Käse überbacken wird. Die hübschen Namen „Resi Capresi", „Schweinchen Dick" oder „Ziegenpeter" deuten auf die Zutaten hin, die von Erzeugern aus der direkten Umgebung stammen.

Sich dem Handwerk zu verschreiben, ist für den Kronprinz Ehrensache: Alle zehn Fassbiere werden **vor Ort gebraut**, und auch die sechs Flaschenbiere sind eigene Rezepturen. Lediglich das alkoholfreie Bier stammt von der Brauerei Kaiserdom. An vier Zapfhähnen wechseln die Biere, sechs weitere Sorten sind ständig am Hahn.

Holz und Stahl bestimmen das Interieur. Moderne und rustikale Elemente schaffen eine gemütliche Atmosphäre. Fassböden anderer Brauereien Bambergs zieren die Wände, unter der Decke hängen hölzerne Bierkisten. Der Kronprinz gewährt übrigens an sieben Tagen die Woche Audienz.

➔ Gaustadter Hauptstraße 109
96049 Bamberg
Tel: 0951 96430514
www.kronprinz.beer

INFO

Special: hier wird die Geschichte von Bier und Brot lebendig, es gibt Selbstgebrautes und köstlich belegte Roggenfladen

Fassbiere: mehr als 10 eigene Biere

Flaschenbiere: 6

Food-Angebot: Roggenkoenige (überbackene Roggenfladen aus Sauerteig), Suppen, Salate, Steaks, auch vegane und vegetarische Speisen

Sitzplätze: 130 innen, 150 außen

Öffnungszeiten: Mo-Do 17-23 Uhr, Fr/Sa 17-24 Uhr, So 11.30-23 Uhr, So 11-23 Uhr

FOTOS: ZAPFHAHN

Zapfhahn

Kann man sich konsequenter der **Heimat** verschreiben? Die Jungs vom Zapfhahn, die in Bamberg auch den Kawenzmann, das Dude und den Schluckspecht unter ihren Fittichen haben, setzen auf Produkte der Region. **Ohne Pardon!**

Die Biere kommen von Brauern aus Stadt und Region, die Zutaten für ihre **großartige Auswahl** an Burgern und die Köstlichkeiten vom **Lava-Grill** stammen vom örtlichen Metzger und Bäcker, das Gemüse bauen Landwirte der Umgebung an. Okay, fünf der 45 Flaschenbiere sind weiter gereist und kommen aus den Sudhäusern von Craftbrauern rund um den Globus. Der Gastraum mit der dunklen Holzvertäfelung mutet etwas düster an, ist aber dennoch sehr gemütlich und passt zum Gebäude, das über 400 Jahre alt und denkmalgeschützt ist. Der Innenhof besticht mit **weißgetünchten Mauern,** vor denen **rote Rosen** blühen. Eine italienische Steinesche wirft im Sommer ihren schützenden Schatten über die Gäste, die Burger und Bier draußen genießen. Unter den Sandalen knirscht der Kies. Was will man mehr?

➔ Untere Sandstraße 14
96049 Bamberg
Tel: 0951 51919922
www.zapfhahn-bamberg.de

INFO

Special: nach Herzenslust die Biere sämtlicher Bamberger Brauereien verkosten

Fassbiere: 4 + 1 wechselndes Fassbier

Flaschenbiere: 45 – davon 40 Biere fränkischer Brauer

Food-Angebot: handgemachte Burger mit regionalen Zutaten, alle Burger auch vegan

Sitzplätze: 65 innen, 80 außen

Öffnungszeiten: Mo-Do 11.30-14.30 Uhr und 17-1 Uhr, Fr 11.30-14.30 Uhr und 17-2 Uhr, Sa 11.30-3 Uhr, So 11.30-0 Uhr

FOTO: GMK BAYREUTH

Liebesbier

Das Liebesbier ist mehr als ein innovatives und bierorientiertes Lokal. Es gehört zu einem Ensemble, zu einer Bier-Erlebnis-Welt mit Gastronomie, Brauwerkstatt und historischem Biermuseum. Im Restaurant wird gekonnt Alt und Neu kombiniert: Die **freigelegten Steinwände** erzählen von 1887, den Anfängen der Brauerei. Der Boden aus schweren Eichendielen, die Ledersessel, die maßgefertigten Barstühle stehen für Handwerk und Wertigkeit. Die **Street-Art-Objekte** an den Wänden von internationalen Künstlern sind ein gelungener Kontrast. 21 Biere sind am Hahn, rund 126 gibt's in der Flasche.

Von vielen der 260 Plätze können die Gäste den Werkstattbrauern bei der Arbeit zusehen – seit 2016 werden hier die Maisel & Friends-Biere gebraut. Große Fenster geben den Blick auf den Garten frei – mit viel Grün, **Wasserbar** und Grill. 300 Leute finden in Nischen Platz, die mal modern inszeniert, mal mit Stühlen und Tischen aus Großmutters Zeiten bestückt sind oder mit steinernen Stufen samt Feuerstelle, inspiriert von einem antiken **Freilufttheater**.

➔ Andreas-Maisel-Weg 1
95445 Bayreuth
Tel.: 0921 46008020
www.liebesbier.de
www.facebook.com/liebesbier.bayreuth

INFO

Special: Brauwerkstatt mit historischem Brauereimuseum

Fassbiere: 21 Biere vom Hahn

Flaschenbiere: 126 Biere aus der ganzen Welt

Food-Angebot: internationale Gerichte aus regionalen Zutaten wie Burger, Pulled Pork, Steaks – auch aus dem Dry Aged-Kühlschrank, Brot aus der eigenen Bäckerei

Sitzplätze: 260 innen, 300 außen

Öffnungszeiten: Mo-Fr 8.30-24 Uhr, Sa/So 9.30-24 Uhr

FOTO: DAVID SKILANDAT

Humbser und Freunde

Das einstige Sudhaus der Humbser-Brauerei stand lange leer. Jetzt kann man in dem liebevoll **renovierten Jugendstilbau** lecker fränkisch essen und dazu gutes Bier genießen. Schmuckstück und Blickfänger im Restaurant Humbser und Freunde sind die beiden **gigantischen Kupferkessel**. Die restliche Einrichtung orientiert sich an der **Tradition fränkischer Wirtshäuser** und kombiniert sie geschickt mit modernen Elementen.

Diese Herangehensweise spiegelt sich auch auf der Getränkekarte wider. Viele der Biere stammen von alten und neuen regionalen Brauereien, so zum Beispiel Mahrs Bräu aus Bamberg, Schanzenbräu und NBG aus Nürnberg und natürlich Boeheim Bier aus Pegnitz. Schließlich stehen die Betreiber dieser Brauerei hinter dem Humbser und Freunde. Neben den klassischen fränkischen Bieren sind auch einige internationale Craftbiere aus Fass und Flasche im Angebot. Im Sommer laden der **große Biergarten** und die gemütliche Terrasse zum Entspannen ein.

➔ Schwabacher Str. 106
90762 Fürth
www.facebook.com/humbserund-freunde

INFO

Special: Erlebnisgastronomie mit Sudhaus

Fassbiere: 12 Hähne, davon 2 mit internationalen Craftbieren

Flaschenbiere: ca. 40, auch international

Food-Angebot: fränkisch, klassisch und modern interpretiert

Sitzplätze: 120 innen, 100 im Biergarten, 40 auf der Terrasse

Öffnungszeiten: Mo-So 17-24 Uhr

Ambar Bistro

Wo trifft feinstes neapolitanisches Essen auf beste bayerische Biere? Genau, im Ambar Bistro im alten Münchner Arbeiterviertel Giesing. Dort sitzen die Gäste bei lauter **Punkmusik** glücklich schmatzend über einen Teller **Pasta** gebeugt und genießen ein gutes Bier. Die Idee dazu hatte Gianluca Massa. Er stammt aus der Nähe von Neapel und hat vor 15 Jahren München zu seiner neuen Heimat gewählt. Was ihm lange Zeit fehlte, war ein neapolitanisches Restaurant mit exzellentem Bierangebot. Also nahm er die Dinge selbst in die Hand und gründete das Ambar Bistro.

Zu **Fleischbällchen** in Tomatensoße und hausgemachten Nudeln serviert er **bayerische Braukunst**. Dabei deckt er mit seiner Getränkekarte das ganze Spektrum ab: von traditionell bis modern, von Helles bis IPA. Einen Schwerpunkt bilden lokale und regionale Brauereien wie Tilmans und Munich Brew Mafia, Kriegerbräu, Hoppebräu und Yankee & Kraut. Aber auch Biere aus Italien wie das Birrificio Artigianale Karma dürfen nicht fehlen.

➔ Tegernseer Landstraße 25
81541 München
Tel: 089 95426658
www.ambar-bistro.de

INFO

Special: Punk trifft Pasta trifft bayerisches Bier

Flaschenbiere: 50-60

Food-Angebot: neapolitanische Gerichte wie Polpette al sugo (Fleischbällchen in Tomatensoße), hausgemachte Nudeln, frischer Büffelmozzarella, Fleisch von schwarzen Schweinen

Sitzplätze: 30

Öffnungszeiten: Mo-Sa 18-24 Uhr

FOTO: STEPHAN RUMPF/SÜDDEUTSCHE ZEITUNG

The Crowbar

Schwabing in München. Viele denken da sofort an Schickeria, teure Autos und zu große Sonnenbrillen. Stimmt auch alles irgendwie. Aber im beschaulichen Teil Schwabings gibt es seit einiger Zeit einen ganz **unprätentiösen Ort** mit einer exzellenten Bierauswahl. Die Rede ist von The Crowbar. Ein paar **Kellerstufen** unter der Erde landet man in einem Raum ohne jeden Kram und Kitsch. Stattdessen schlichte Holzmöbel und gedeckt gestrichene Wände.

Der Betreiber widmet sich vor allem **Bieren aus München und Umgebung.** Fest am Hahn verankert sind Fässer von Tilman, Giesinger, Crew Republic und Schneider Weiße. An zwei weiteren Hähnen rotiert das Angebot. Der Schwerpunkt liegt auch hier, ebenso wie bei den knapp 50 Flaschenbieren, auf regionalen Spezialitäten. Bei schönem Wetter kann man diese auch auf dem **Freisitz auf dem Bürgersteig genießen.**

➔ Agnesstraße 54
80798 München
Tel: 089 18929534
www.facebook.com/crowbarmuc

INFO

Special: Biere aus München und Umland

Fassbiere: 7, davon 1 Cider, 4 fest mit Münchner Bier belegt, 2 mit wechselndem Angebot

Flaschenbiere: knapp 50

Food-Angebot: –

Sitzplätze: 50 innen, 25 außen

Öffnungszeiten: Mo-Do 17-1 Uhr, Fr/Sa 17-2 Uhr, So 15-23 Uhr

FOTOS: DANIEL REITER

Frisches Bier

Was ist das Schlimmste an einer Bar mit toller Bierauswahl? Wenn die Sorte, für die man sich nach langer Grübelei entschieden hat, leider, leider ausverkauft ist. Sowas soll in der Kneipe Frisches Bier nie passieren. Die Auswahl an den **14 Zapfhähnen** wird deshalb nur über eine Kreidetafel beworben. Die lässt sich in Sekundenschnelle wisch-und-weg auf den neuesten Stand bringen.

Viele der Biere stammen aus der Brauerei von **Mitinhaber Tilman Ludwig**. Dazu gibt es 30 Flaschenbiere und eine kleine, aber feine Speisekarte mit hausgemachten, ständig wechselnden **Braugasthaus-Spezialitäten**. Ob Rindsrouladen in Biersoße oder Cheesecake mit Hopfenstreusel – die Verbindung zum Bier wird auch in der Küche gepflegt. Der halbrunde Tresen lädt die Gäste dazu ein, miteinander ins Gespräch zu kommen. Und bei schönem Wetter lässt sich die gesamte **Fensterfront zur Straße** hin öffnen. Dann kann man drinnen sitzen und trotzdem Freisitz-Flair genießen.

➔ Thalkirchner Straße 53
80337 München
Tel: 0176 84034005
www.frischesbier-muenchen.de
www.facebook.com/maxundtilman

INFO

Special: lässiger Taproom mit leckeren Speisen

Fassbiere: 14 Zapfhähne

Flaschenbiere: ca. 30

Food-Angebot: hausgemachte Braugasthaus-Spezialitäten, auch vegetarisch

Sitzplätze: 30 innen

Öffnungszeiten: Mo-Do 18-1 Uhr, Fr/Sa 17-2 Uhr

FOTOS: GIESINGER

Giesinger Bräustüberl

Das Giesinger Bräustüberl gehört, logisch, zur Giesinger Brauerei. Wer dort einkehrt, kann sich auf die selbstgebrauten Biere wie die „Untergiesinger Erhellung", „Lemondrop Triple" oder „Wheat Stout" freuen. Im Schein von schummrigen **Bierflaschenlampen** genießen die Gäste dazu bayrische Wirtshausküche, zum Beispiel Zwiebelrostbraten, Hirschschäuferl oder Bockbierpflanzerl. Gemüsefans kommen ebenfalls auf ihre Kosten und schlemmen handgemachte Kürbisgnocchi oder vegane Lasagne. Im Sommer gern auch auf der großzügigen Terrasse zum Innenhof.

In dem benachbarten **Stehausschank** ist das Speisenangebot kleiner, die Bierauswahl dafür vielfältiger. Dort werden neben den **Giesinger Spezialitäten** auch Biere anderer Brauereien ausgeschenkt. Der Fokus liegt auf München und seinem Umland, aber auch ein paar Biere aus fernen Gefilden wie Hamburg (Kehrwieder) oder Belgien (Orval) sind im Angebot. An den Wochenenden finden häufig Konzerte statt.

➔ Martin-Luther-Straße 2
81539 München
Tel: 089 55062184
www.giesinger-braeu.de

INFO

Special: Doppelkonzept aus Restaurant und Stehausschank

Fassbiere: 17

Flaschenbiere: 12

Food-Angebot: bayerische Wirtshausküche

Sitzplätze: 100 innen, 40 außen

Öffnungszeiten:
Restaurant: Mo-Do ab 11 Uhr,
Sa/So ab 10 Uhr
Pub: Di-Fr ab 17 Uhr

FOTOS: MEISTERSTÜCK

Das Meisterstück Pasing

Das Meisterstück Pasing residiert im alten Pasinger Pumpenwerk, einem denkmalgeschützten Backsteinbau aus dem 19. Jahrhundert. Vor dem Haus breitet sich ein großzügiger Biergarten aus. Drinnen können Gäste in die offene Küche schauen und beobachten, wie das Fleisch im **Buchenholzfeuer** geräuchert wird oder Spareribs und Pastrami stundenlang im Smoker garen.

Das Konzept des Meisterstücks ist so **einfach wie genial:** Hochwertige Rohstoffe treffen auf einzigartige Kochkunst. Die Zutaten bezieht das Meisterstück von kleinen Handwerksbetrieben aus der Region. Metzger liefern **zarte Würste** und Fleischspezialitäten, Bäcker fahren **duftende Brote** heran, und das frische Gemüse stammt von nahegelegenen Bauern. In der Küche des Meisterstücks werden diese Zutaten mit Spaß an Kreativität zu bodenständigen Gerichten auf höchstem Niveau verarbeitet. Natürlich dürfen auch die Biere der Braumeister nicht fehlen! Gäste können stets aus 16 wechselnden Fassbieren wählen. Dazu kommt eine **gigantische Auswahl** von 140 Flaschenbieren. Übrigens: Das Meisterstück gibt es auch in München-Haidhausen und in Berlin.

➔ Kaflerstraße 16
81241 München
Tel: 089 30905137
www.dasmeisterstueck.de

INFO

Special: Craft und Feuer als schlüssiges Konzept

Fassbiere: 16

Flaschenbiere: ca. 140

Food-Angebot: Rauchküche und Spezialitäten vom Buchenholzgrill

Sitzplätze: 200 im Biergarten, 150 im Restaurant

Öffnungszeiten: Mo-Do 12-24 Uhr, Fr 12-1 Uhr, Sa 10-1 Uhr, So 10-24 Uhr

FOTO: DANIEL REITER

Tap-House Munich

Das Tap-House in München ist eine **Pflichtadresse** für alle Craftbier-Fans. Im Stadtteil Haidhausen gelegen, ist es nur wenige Gehminuten vom Ostbahnhof entfernt. Camba-Chef Markus Lohner hat mit dem Lokal 2013 das nach Deutschland gebracht, was ihn in den USA so sehr fasziniert hat.

Der Blickfang ist die lange, massive Theke aus Holz. Bei **40 (!) Zapfhähnen** wähnt sich der Beer Geek hier im Bierhimmel. Die Auswahl ist riesig und wechselt ständig. Frisch vom Fass gibt es neben den Bieren von Camba noch viele weitere nationale und internationale Spezialitäten. Hinzu kommen mehr als **160 Flaschenbiere**, neben Deutschland etwa aus Belgien, England, Italien, Amerika, Dänemark und Neuseeland. Die Karte ist nach Bierstilen geordnet. Wer trotzdem überfordert ist, dem hilft das Personal gerne weiter und berät auch in Sachen Foodparing. Wie wäre es etwa mit leckeren Flammkuchen, deftigen Stullen oder einem sündhaften Bieramisu?

➔ Rosenheimer Straße 108
81669 München
Tel: 089/62231187
www.tap-house-munich.de

INFO

Special: Bei derartig vielen Bieren vom Fass – ja, dies muss der Bierhimmel sein!

Fassbiere: 40 Zapfhähne mit wechselndem Angebot

Flaschenbiere: ca. 160 verschiedene Biere aus Deutschland, Belgien, England, Italien, Dänemark, Amerika, Neuseeland

Food-Angebot: Snacks, Brotzeit und bieraffine Speisen

Sitzplätze: ca. 130 Sitzplätze innen

Öffnungszeiten: Mo-Do 18-1 Uhr, Fr/Sa 18-2 Uhr

FOTO: GERT KRAUTBAUER

Bieramt

Abholen, hinsetzen, genießen! So lautet das Motto der Kneipe namens Bieramt, deren Räumlichkeiten sich direkt in der **Nürnberger Stadtmauer** befinden. Wo früher Pferde nach einem anstrengenden Ritt an der Tränke standen, stillen heute Einheimische und Gäste ihren Durst mit fränkischem Bier. Aus drei der vier Zapfhähne sprudeln wöchentlich wechselnd **traditionelle Bierstile** wie Helles, Dunkles oder Kellerbier von einer der knapp 300 regionalen Brauereien. Der vierte Zapfhahn ist für kreative Biere aus anderen Gefilden reserviert. Erlaubt ist alles, was **frisch und lecker** ist.

Auch bei den 22 Flaschenbieren liegt der Schwerpunkt auf der Region Franken. Wer lieber Wein mag, darf sich über das Angebot eines fränkischen Winzers freuen. Der Innenraum ist recht klein, und auch die 60 Stühle auf der Freifläche sind schnell belegt. Und so lagern an lauen **Sommerabenden** die Gäste einfach auf dem historischen **Kopfsteinpflaster.**

➔ Beim Tiergärtnertor 2-6
90403 Nürnberg
Tel: 0162 3958220
www.cafe-wanderer.de/bieramt

INFO

Special: die besten Biere Frankens in ungezwungener Atmosphäre genießen

Fassbiere: 4 Zapfhähne

Flaschenbiere: 22, vor allem Biere aus Franken

Food-Angebot: Brezen und Brote, Gäste können Brotzeiten mitbringen oder Essen bestellen

Sitzplätze: 22 innen, 60 außen

Öffnungszeiten: 15.4.-15.10.: täglich ab 14 Uhr, 1.3.-14. 4. & 16.10.-24.12.: Di-So ab 17 Uhr (Januar und Februar geschlossen)

FOTOS: TOBIAS NEUMANN

Bierwerk Charakterbierbar

Alte Werkbänke und Holzfässer, Flaschen vom Trödler und Emailleschilder – und im Kontrast eine gläserne Bar. Im Bierwerk trifft **rustikal Altes** auf **transparent Modernes** und ist überhaupt kein Widerspruch. Vielleicht weil die handwerkliche Linie hier so konsequent gespielt wird. Aus den zwölf Zapfhähnen fließen Biere von regionalen, nationalen und internationalen Brauereien sowie die eigenen mit dem Label **Werkbier**, wie etwa das Citrus Pale Ale „Doldi".

In großen Kühlschränken lassen sich 200 Biere aus aller Welt entdecken und auf der kleinen Speisekarte finden sich ausgesuchte Gerichte. Versteht sich von selbst, dass sämtliche Zutaten bei regionalen Erzeugern eingekauft werden. Stammgäste haben ihren eigenen Bierkrug, manchmal ein Erbstück des Großvaters, der in einem „Tresor" verwahrt wird. Als Pendant zu dieser schönen alten Tradition kann man sich an einer digitalen Zapfanlage sein Bier selbst zapfen. Oder unternimmt mit der **Bier-Cocktailmaschine** einen Ausflug in die köstliche Welt der Beertails. Tipp: den „Doldi-Frutti" probieren!

➔ Unschlittplatz 9
90403 Nürnberg
Tel: 0911 47892114
www.bierwerk-nuernberg.de

INFO

Special: digitale Zapfanlage zum Selberzapfen

Fassbiere: 12 Zapfhähne

Flaschenbiere: 200 Marken (fränkisch, national, international)

Food-Angebot: hochwertige, regionale Brotzeiten mit Holzofenbrot, Feinkostkäse und Wurst vom Bauernmetzger

Sitzplätze: 80 innen, 50 außen

Öffnungszeiten: Mo-Sa 18 Uhr bis open end

FOTO: AXEL C. KUBITZ KRAUTBAUER

Kater Murr

In der Kneipe Kater Murr trifft Alt auf Neu. Das Gebäude ist modern, die Bar darin aus alten **Backsteinen** gemauert. Das Material dafür stammt von **Abrisshäusern** aus dem Nürnberger Umland. Die lange Bank an der Wand stand bis in die 1990er Jahre in einer Kirche. Und die Tische und Stühle hatten alle bereits ein Vorleben in heimischen Küchen und Esszimmern. All diese liebevoll ausgewählten Dinge bringen **Wohnzimmeratmosphäre** ins Kater Murr.

Wer es sich hier gemütlich macht, der wird mit **Bierspezialitäten aus Franken** belohnt. Egal ob Helles oder Rotbier, Riedenburger „Dolden Sud" oder Green Monkeys aus Weißenohe – Hauptsache, es stammt aus der Region! Die **lokale Ausrichtung** führt dazu, dass man hin und wieder auch die Brauer selbst im Kater Murr antreffen und zu ihrem Bier ausfragen kann. Zum guten Bier werden **Livekonzerte** geboten, außerdem gibt es ständig wechselnde **Ausstellungen.** Das zieht Touristen wie Einheimische an.

➔ Johannesgasse 14
90402 Nürnberg
Tel: 01511 0783629
www.kater-murr.com

INFO

Special: Vorhang auf für fränkische Biere – und manchmal trifft man den Brauer höchst selbst

Fassbiere: 3

Flaschenbiere: ca. 45

Food-Angebot: kalte Brotzeiten

Sitzplätze: 60 innen, 30 außen (nur im Sommer)

Öffnungszeiten: Di-Do 14-1 Uhr, Fr/Sa 14-2 Uhr, an Feiertagen ab 18 Uhr

FOTO: MR. KENNEDY

Mr. Kennedy

Vermutlich ist dies der **kleinste Brewpub** Nürnbergs. Ganz sicher aber eine Adresse für echte Craftbier-Affiniciados. Am besten solche, die nicht den Mainstream suchen. Ins Mr. Kennedy findet man wohl nur, weil irgendjemand davon erzählt, also geschwärmt hat. Oder zufällig – oder überhaupt nicht. Und genau so will es der Inhaber Luke Kennedy. Er will Publikum, das offen ist für handwerklich gebraute **Biere aus aller Welt**. Und keines, das über Geschmack und Preise die Nase rümpft.

Die 50 Biere auf der Karte sind ausgewählt und stammen von Brauern rund um den Globus, vor allem aber aus Deutschland und den USA. Luke ist selbst Amerikaner, hat in Weihenstephan eine Ausbildung zum Brauer absolviert und den Pub vor drei Jahren eröffnet. Die Biere am Hahn wechseln, immer dabei sind auch Biere der **eigenen Marke** Mr. Kennedy, wie „Der Franke", „Peated Porter" oder „Fountain Alley IPA". Das Interieur erinnert an die **60er-Jahre** und ist auf jeden Fall eigen: vor grüner Textiltapete hängen barocke Goldrahmen, die Möbel sind allesamt Second Hand, die Kissen auf den Bänken aus Malzsäcken.

➔ Brunnengäßchen 22
90403 Nürnberg
Tel: 0171 8437548
www.facebook.com/LukeKennedyIPA

INFO

Special: 1960er-Jahre-Stil, überhaupt nicht Mainstream und absolut eigen

Fassbiere: 4, immer dabei die eigene Marke

Flaschenbiere: 50 Biere (bayerisch, belgisch, national, amerikanisch)

Food-Angebot: Salzgebäck

Sitzplätze: 25 innen

Öffnungszeiten: Mi/Do 20-1 Uhr, Fr/Sa 20-2 Uhr

Birretta Bier Bar

Man muss schon kurz die Luft anhalten, wenn man die Birretta Bier Bar im Herzen der Regensburger Altstadt betritt. Allein das **Tonnengewölbe** aus dem 12. Jahrhundert! Extraordinär ist das Ambiente insgesamt. Vor historischem Gemäuer sind die gläserne Bar aus Maßkrügen, die ganz nach Belieben mit verschiedenen Farben beleuchtet werden kann, und die 19 freistehenden Zapfhähne ein starker Kontrast.

Hinter dem zweiten Tresen, an dem Cider und Spirituosen ausgeschenkt werden, zieren Versace-Tapete und ein Kronkorken-Mosaik die Wand. Kronkorken eben jener Brauereien, die in der Bar mit **Taphouse-Charakter** fest am Hahn sind: Spital, Nittenauer, Riedenburger und Eichhofener. Bei den 100 verschiedenen Flaschenbieren können sich die Gäste auf eine Genussreise rund um die Welt begeben. Hier wird der Weizenbiertrinker genauso abgeholt, wie der Bier-Geek, der weit über den Tellerrand hinausschaut. Wer zum Bier gerne speist, wird vor allem mittwochs im Birretta glücklich. Denn dann rollt ein Pizzabäcker **Bierteig** aus.

Bühne frei heißt es regelmäßig für Bands und DJ's. Und im zur Bar gehörenden Shop sind „local heroes" angesagt (siehe S.131).

➔ Ostengasse 13
93047 Regensburg
Tel: 0941 58628322
www.facebook.com/birretta.bierbar

INFO

Special: der Kontrast macht's: historisches Tonnengewölbe und Bar aus Bierkrügen

Fassbiere: 19 davon, 1 Cider-Hahn

Flaschenbiere: 100

Food-Angebot: Pop-up Küche, jeden Mittwoch Birrizza-Tag (Pizza aus Bierteig), am Wochenende Brotzeiten, anlassbezogene Specials

Sitzplätze: 120 innen

Öffnungszeiten: Di-Do 19-1 Uhr, Fr/Sa 19-2 Uhr

's Handwerk

360 Grad Craft. Uli Brandl hat sich mit seinem Restaurant ganz dem Handwerk verschrieben. Bei ihm soll der Gast wissen, woher die Zutaten auf seinem Teller stammen. Egal ob Fleisch, Brot, Käse, Kaffee oder Gemüse. **Transparent und nachvollziehbar** soll es sein. Dafür hat Brandl ein Netzwerk aus mehr als 20 Erzeugern aufgebaut, alles Landwirte im Umkreis von 100 Kilometern. Seine „Handwerker" stellt er auch konsequent in den Mittelpunkt, sie alle werden ausführlich in einem extra Heft vorgestellt.

Auch beim Bier wird auf **Direktlieferanten** gesetzt. Neun gibt's frisch vom Hahn, etwa 40 aus der Flasche. Sein Angebot bezieht er von Tilmans Biere, Hoppebräu, Hopfmeister, Maisel & Friends, Braukraft und Mikes Wanderlust. Viele der Biere, darunter auch das exklusive **Hausbier „Rote Perle"**, kommen von Hirschbräu direkt in Sonthofen. Wie wär's nun mit einem Bier-Rindergulasch, begleitet von Tilman Ludwigs karamelligem „Die Dunkle"? Und einem Waffel-Burger als Nachtisch? Klingt gut! Handgemacht ist eben Trumpf.

➔ Rathausplatz 1
87527 Sonthofen
Tel: 08321/8001966
www.shandwerk.de

INFO

Special: eine tolle Bühne für Handwerker, dazu das Hausbier „Rote Perle" vom Fass

Fassbiere: 9

Flaschenbiere: knapp 40

Food-Angebot: regionale, gut bürgerliche, schwäbisch-bayerische Küche, auch vegane und vegetarische Gerichte,
sonntags ab 9 Uhr Frühstücksbuffet

Sitzplätze: 120 innen, 150 außen

Öffnungszeiten: Mo-Mi 11 bis 22 Uhr, Do-Sa 11 bis 23 Uhr, So 9 bis 22 Uhr

FOTO: CAMBA

Camba Biererlebniswelt

Wen es in den Chiemgau ins idyllische Truchtlaching verschlägt, für den ist ein Stopp in der Camba Biererlebniswelt ein absolutes Muss. Die Gaststätte, untergebracht in einer alten Mühle, ist groß und hell, das **Ambiente urig**. Man sitzt mitten in der Brauerei und kann durch die komplett **verglaste Wand** oder an warmen Sommertagen direkt von der gemütlichen Terrasse aus den Panoramablick auf die Alz genießen.

Aus den 15 Zapfhähnen fließen vor allem Camba-Biere. Die traditionellen Sorten haben hier ihren festen Platz, zu ihnen gesellen sich saisonale Spezialitäten, Collab Brews oder Sude aus der hauseigenen **Versuchsbrauerei**. Die Karte hält neben zusätzlichen 40 Flaschenbieren auch bayerische Schmankerl bereit, modern und **bierig aufgemotzt** versteht sich. Wie wäre es zum Beispiel mit einem IPA zum leckeren Bier-Chili oder einem Weißbiertiramisu als Nachtisch?

Bei Brauereiführungen, Braukursen, Verkostungen oder dem Frauenbierstammtisch kann Bier mit allen Sinnen erlebt werden.

→ Mühlweg 2
83376 Truchtlaching
Tel: 08667 876800
www.camba-biererlebniswelt.de

INFO

Special: „biernarrisches" Personal

Fassbiere: 15 Biere (13 von Camba, 2 von befreundeten Brauereien)

Flaschenbiere: ca. 40

Food-Angebot: bayerische Klassiker modern: ofenfrische Schweinshaxen, urige Brotzeiten, Weißbiertiramisu

Sitzplätze: 120 innen, 150 außen

Öffnungszeiten: Mi/Do 15-23 Uhr, Fr/Sa 11-23 Uhr, So 11-21 Uhr (für Gruppen nach Vereinbarung)

DIE 30 BESTEN BIER SHOPS

Aschaffenburg: **Iron Creek**

FOTO: BJÖRN FRIEDRICH

Willkommen in Unterfranken! Hier ist seit Frühjahr 2018 in Aschaffenburg das Iron Creek von Benjamin Seyfarth zu finden. Nur ein paar Gehminuten vom Mainufer entfernt. Knapp 200 Biere von vier verschiedenen Kontinenten umfasst sein Angebot. Als „kleiner Großhandel" berät er auch Einzelhandel und Gastro in Sachen Sortiment. Seyfarth ist der Region tief verbunden, der Name des Stores ist die englische Übersetzung seines Heimatortes Eisenbach.

➔ Landingstraße 24, 63739 Aschaffenburg, www.facebook.com/IronCreekCraft

---

Bayreuth: **Flaschenfreund**

Die Niederlassung des gut gemachten Onlinehops flaschenfreund.de findet man in der Bayreuther Fußgängerzone. Über 250 verschiedene Craftbiere gilt es, in den schön gestalteten Altbauräumen zu entdecken. Einige Biere von Maisel & Friends gibt es – der Nähe sei Dank – beim Flaschenfreund exklusiv. Regelmäßige Bierproben erweitern das Angebot, und besondere Bierpakete können als Firmen- oder Kundenpräsent gekauft werden.

➔ Maximilianstraße 17,
95444 Bayreuth,
www.flaschenfreund.de

FOTO: FLASCHENFREUND

Berlin: **Biererei**

In der Biererei von Cihan Çağlar in Berlin-Kreuzberg hat man zwischen mehr als 500 verschiedenen Bieren die Qual der Wahl. Jede Woche kommt Nachschub, also haben auch Stammkunden stets Neues zu entdecken. An der Growler-Füllstation kann außerdem zwischen vier ständig wechselnden Sorten gewählt und das frisch gezapfte Bier mit nach Hause genommen werden. Besonders: Unter der Woche hat der Shop bis 22 Uhr, von Donnerstag bis Samstag sogar bis 24 Uhr auf.

➔ Oranienstraße 19, 10999 Berlin, www.biererei-berlin.de

FOTO: BIERERei

Berlin: **Bierladen**

Inhaber Mike Duda nennt seinen Bierladen einen „Späti für Bierspezialitäten". Bis spät abends stehen die Türen hier für alle Bierinteressierten offen. Mit seinem Shop will er vor allem den regionalen Brauern eine Plattform bieten: Etwa 70 der 200 angebotenen Biere stammen aus dem Berliner Raum. Dazu gibt´s sechs ständig wechselnde Biere am Hahn. Der ausgebildete Biersommelier ist übrigens Gründer der Agentur „Die Bierrebellen".

FOTO: BIANKA DEWART

➔ Kreuzbergstraße 78, 10965 Berlin, www.bierladen-berlin.de

Berlin: **Lager Lager**

FOTOS: JANAR SINILOO

Mit dem Lager Lager von Robyn Anderson und Andre Gifkins ist Neukölln seit September 2015 um einen Biershop reicher. Die Kunden können zwischen mehr als 250 Flaschenbieren und acht wechselnden Bieren vom Fass wählen. Wer mag, zapft sich die Biere zum Mitnehmen frisch in den Growler. Regelmäßig finden Tap Takeover, Tastings und Veranstaltungen gemeinsam mit Brauern statt.

➔ **Pflügerstraße 68, 12047 Berlin, www.lagerlagerberlin.de**

Bochum: **Biermuda**

FOTO: MAX ZELLMER

Seit Oktober 2015 findet man das Biermuda von Max Zellmer in der Bochumer Innenstadt, gelegen zwischen dem Hauptbahnhof und dem bekannten Kneipenviertel Bermuda3Eck. Auf 100 Quadratmetern haben Kunden die Auswahl zwischen mehr als 500 verschiedenen Bieren. Zellmers Shop fungiert aber auch als Großhandel, mit dem er Fachmärkte und Gastro bedient. Ach ja, und einen Onlineshop gibt´s auch noch.

➔ Rechener Str. 3, 44787 Bochum, www.biermuda.de

Bremen: **Brolters**

FOTO: BROLTERS

Bier verbindet. So auch Frank Wolter und Janka Bracke, die sich beim abendlichen Bier kennen und lieben lernten. Im November 2014 eröffneten sie gemeinsam das Brolters. Den „Tante-Emma-Laden für Bier", wie sie selbst gern sagen. Hier kann gekauft, getrunken und geschnackt werden. Das wechselnde Sortiment fasst zwischen 200 und 300 verschiedene Biere, vor allem von Kleinstbrauern aus Deutschland. Mit dabei auch die eigenen Kreationen: die Bre(w)men-Biere.

→ Vor dem Steintor 140, 28203 Bremen, www.brolters.de

Dresden: **Hopfenkult**

Auf 80 Quadratmetern kann man sich hier auf mehr als 300 Bierspezialitäten freuen. Langweilig wird es in dem Laden im Szeneviertel Neustadt garantiert nicht, ein Teil des Angebots wird ständig ausgetauscht. Bei der „Open Bottle Night" werden jeden Donnerstag und Freitag jeweils fünf ausgewählte Biere des Sortiments öffentlich verkostet. Private Beer Tastings für bis zu 30 Personen können gemietet werden.

→ Görlitzer Str. 25, 01099 Dresden, www.hopfenkult.de

FOTO: THOMAS SCHLORKE

Düsseldorf: **Holy Craft Beer Store**

Ach, du heiliges Bierchen! Seit Ende 2015 betreiben Thorsten Kulmann und Sebastian Knepper den Holy Craft Beer Store inmitten der Düsseldorfer Innenstadt. Unter mehr als 300 Bieren gilt es zu wählen, knapp 70 Prozent davon werden durch regionale Brauereien abgedeckt. Monatlich finden Tastings unter einem bestimmten Motto statt. Übrigens: Das Duo hat im Jahr 2017 am Rande der Altstadt, in der Liefergasse, auch die Holy Craft Beer Bar (siehe Seite 70) eröffnet.

➔ Friedrichstraße 79, 40217 Düsseldorf, www.facebook.com/HolyCraftBeerStore

---

Erfurt: **Bierwelt**

Wenn's in Erfurt um Bier geht, ist Carsten Roth der perfekte Ansprechpartner. Seit November 2015 führt er das erste Bierfachgeschäft der Stadt. Unter gut 300 verschiedenen Bieren, von internationalen Klassikern bis zum holzfassgereiften Gourmetbier, findet hier jeder seinen Favoriten. Unabhängig und mit Leidenschaft suchen er und seine Frau Antje Schüffler regionale und internationale Bierspezialitäten aus. So legen die beiden auch höchsten Wert auf eine kompetente, ausführliche Beratung, die von den Erfurtern gern angenommen wird. Ebenso wie die wöchentlichen Open Bottle-Veranstaltungen, Bierseminare und Tastings.

➔ Futterstraße 20, 99084 Erfurt, www.bierwelt-erfurt.de

Freising: **Bierhandwerk**

FOTO: BIERHANDWERK

Neben dem sehr empfehlenswerten Onlineshop gibt es Bierhandwerk auch als stationären Store in Freising. Besonderheit: Alle Biere sind stets gekühlt gelagert, um die Qualität zu erhalten. Der Palettenlook unterstützt den handwerklichen Charakter des Ladens, in dem auch Gläser, Bücher und weitere Bier-Produkte angeboten werden. Jeden Donnerstagabend ist „Open Bottle Night" mit wechselnden Bierstilen und Gästen, und die „Friday Night Beers" laden regelmäßig zu Vorträgen mit Bierverkostung und Brotzeit ein.

➔ Sonnenstraße 29, 85356 Freising, www.bierhandwerk.de

Göttingen: **Bottles**

FOTO: LITHA FOTODESIGN

Seit dem Frühjahr 2016 ist das Bottles von Martina Roewer und Elmar Deden mitten in der schönen Göttinger Innenstadt zu finden. Rund 400 Biere aus der Region und aller Welt bieten die beiden geschulten Biersommeliers an und stehen bei der Auswahl tatkräftig zur Seite. Regelmäßig laden sie zu Verkostungen ein: entweder zum Thema Foodpairing mit Bier & Käse oder zur Geschichte des Bieres.

➔ Lange-Geismar-Straße 55, 37073 Göttingen, www.bottles-goettingen.de

Hamburg: **Beyond Beer**

Drei Jahre ist es nun schon alt, das Beyond Beer im Zentrum Hamburgs. Es ist Store, Taproom und Onlineshop in einem. Das Sortiment reicht von weltbekannt bis (noch) unentdeckt. Wer nicht warten will, der kann sein Bier direkt vor Ort im gemütlichen Barbereich genießen. Hier sprudeln auch immer einige Sude direkt vom Hahn. Keine Zeit? Die Biere können auch frisch im Growler mitgenommen werden. Jeden Donnerstag werden die Neuzugänge vorgestellt. Klar, probiert werden darf natürlich auch.

➔ Weidenallee 53–55, 20357 Hamburg, www.beyondbeer.de

Hamburg: **Craft Beer Store**

In diesem Shop-Pionier bleibt keine Kehle trocken. Der Craft Beer Store von Ratsherrn in den Schanzenhöfen versorgt Bierliebhaber mit mehr als 500 verschiedenen Bieren aus Hamburg, Deutschland und der Welt. Jeden Freitag werden bei der „Open Bottle" die neuesten Shop-Zugänge präsentiert, verkostet und darüber geschnackt. Entweder sind die Brauer selbst vor Ort oder das kundige Personal führt durch den Abend.

➔ Lagerstraße 30a, 20357 Hamburg, www.craftbeerstore.de

Hanau: **Hip-Hopfen**

Seit Mitte April ist Hip-Hopfen die Adresse für Bier-Enthusiasten in Hanau, nur wenige Meter vom Marktplatz entfernt. Etwa 170 verschiedene Biere gibt es hier. Samstags können regelmäßig kostenlos ausgewählte Biere probiert werden. Regelmäßig finden Open Bottle Nights statt, bei denen verschiedene Biere verkostet werden.

➔ Hirschstr. 12, 63450 Hanau, www.facebook.com/HipHopfen

Hannover: **Craft Beer Kontor**

In der Südstadt von Hannover empfängt Janina Crowder seit Mitte 2016 Bierfans in ihrem Craft Beer Kontor. Übernommen hat sie den 2014 gegründeten Laden von den Jungs der Mashsee Brauerei. Seitdem hat sich einiges getan. An die 300 Biere stehen nun in den Regalen und Kühlschränken bereit. Drei Sude gibt's auch immer frisch on Tap. Beibehalten hat Crowder die Tap Takeover-Reihe „Hahndrang“: Regelmäßig kommen Brauer mit dem einen oder anderen Fass Bier im Gepäck zu Besuch. Dann Prost!

➔ Schlägerstraße 17, 30171 Hannover, www.facebook.com/craftbeerkontor

Kaiserslautern: **Bomto Craft Beer**

FOTO: TOBIAS MAYER

Mit 200 verschiedenen Bieren ist im Bomto von Tobias Mayer die Auswahl groß. Im Portfolio hat er auch jede Menge Spirituosen, außerdem gibt's Zutaten zum Selbstbrauen. Jeden Freitag können bei der dreistündigen Open Bottle Night sechs verschiedene Biere verkostet werden. Wer es nicht regelmäßig in den Laden schafft, kann auch jederzeit im Bomto-Onlineshop bestellen.

➔ Eisenbahnstr. 1, 67655 Kaiserslautern, www.facebook.com/BomtoCraftBeer

---

Kassel: **Bierkathe**

FOTO: BIERKATHE

Seit Juni 2017 finden Bierenthusiasten den Shop von Diplom-Biersommelier Jörg C. Kathe in Kassel. Probiert werden können etwa 150 verschiedene Biere, außerdem Cider, Ginger Beer und Hopfenlimo. Neben regelmäßigen Tastings mit diversen Schwerpunkten können jeden Donnerstag beim „Feierabendbier" ausgewählte Spezialitäten direkt vor Ort verkostet werden

➔ Westendstraße 10, 34117 Kassel, www.bierkathe.de

Köln: **Bier macht schön**

Der Name kommt nicht von ungefähr: Bei Roland Schön, Grafiker und Hobbybrauer, sind um die 200 verschiedenen Craftbiere zu haben – darunter sogar glutenfreie Biere. Das Angebot wird ständig durch weitere, ausgewählte Marken ergänzt. Es gibt ausschließlich Biere aus europäischen Ländern. Schön findet: Biere aus den USA genießt man besser vor Ort. Im Shop gibt es auch Merchandise und Literatur. Regelmäßig finden Biertastings und Brauseminare statt.

➔ Berrenrather Straße 206, 50937 Köln, www.biermachtschoen.com

---

Köln: **Pulle & Stulle**

In dem im Stadtteil Nippes gelegenen Pulle & Stulle von Sandra Pollach hat man nicht nur die Qual der Wahl zwischen etwa 140 wechselnden Flaschenbieren. Man kann sich an der Growler-Abfüllstation sein Bier auch frisch vom Fass mitnehmen. Dazu gibt´s noch eine Auswahl an Bottled Cocktails, Limonaden und diversen süßen und salzigen Leckereien. Regelmäßig finden Tasting- und Open Bottle-Abende statt.

➔ Steinbergstr. 5, 50733 Köln, www.facebook.com/pulleundstulle

Lübeck: **Bierbühne**

Vorhang auf! In der Lübecker Altstadt hat Micha Reese vor knapp zwei Jahren seine Bierbühne eröffnet. Die Nachfrage war so groß, dass er mit seinem Laden umziehen musste. Gestartet mit 80 verschiedenen Bieren, kann jetzt zwischen mehr als 380 gewählt werden. Mehrmals im Monat finden Tastings statt. Du wohnst nicht in der Nähe? Kein Ding. Einen Onlineshop gibt's auch: die Craft Beer Rockstars. Drink on!

➔ Hüxstraße 75, 23552 Lübeck, www.craftbeerrockstars.de/bierbuehne

---

Mannheim: **Upper Glass**

In Heidelberg gestartet, hat sich die „Upper Glass" der Bierszene mittlerweile in einem repräsentativen Ladengeschäft in der Mannheimer Innenstadt niedergelassen. Sehr aufgeräumt und einladend wirkt der „Craftbeer Shop & Warehouse" im Industrial-Style, der längst zum Anlaufpunkt für Bierfans aus der gesamten Rhein-Neckar-Region geworden ist. Besonderheit: die Growler-Füllstation, an der sich die Kunden besondere, im Fassausschank befindliche Biere für zu Hause abfüllen lassen können. Ein Onlineshop befindet sich im Aufbau.

➔ R6, 6, 68161 Mannheim, www.upperglass-craftbeer.de

München: **Biervana**

Seit 2014 betreibt Inhaber Matthias Thieme das Biervana in Schwabing. Die Auswahl ist groß und vielfältig – mehr als 600 verschiedene Biere aus weiten Teilen der Welt kann der Bierliebhaber hier erwerben. Auch zahlreiche Veranstaltungen hat der Store im Angebot, aktuell sind Braukurse dabei. Es gibt regelmäßig thematische Tastings mit dem Diplom-Biersommelier Holger Hahn.

FOTO: MATTHIAS THIEME

➔ Hohenzollernstr. 61, 80796 München, www.biervana.eu

Nürnberg: **Bier Kontor**

Der Bier Kontor im Herzen der Altstadt hat in der historischen Mauthalle sein Zuhause. Bei Geschäftsführer und Biersommelier Markus Böhm und Koch Fritz Großkopf darf man sich auf rund 300 regelmäßig wechselnde Flaschenbiere freuen. Angeboten wird eine bunte Vielfalt aus in- und ausländischen bekannten Marken sowie fränkischen Kreationen. Jeden Donnerstag findet die Tastingreihe „proBIERmal" zum Kennenlernen und jeweils einmal im Monat eine Themen-Bierprobe sowie das Format „Triff den Brauer" statt.

FOTO: PETER DOERFELL

➔ An der Mauthalle 2,
90402 Nürnberg,
www.bierkontor.com

Oldenburg: **Beer Supreme**

FOTO: STEFAN WINTER

Mitte 2016 eröffnete Stefan Winter sein Beer Supreme im Oldenburger Stadtteil Eversten. Auf etwa 100 Quadratmetern können Kunden hier zwischen mehr als 350 verschiedenen Bieren, Bierbränden, -likören und Cider wählen. Mehrmals im Monat lädt Winter zu Tastings mit passenden Snacks. Einmal im Jahr veranstaltet er außerdem einen „Heimbrauertag". Dann kann im Laden jeder seine eigenen Sude präsentieren.

➔ Hauptstraße 28 a, 26122 Oldenburg, www.beersupreme.de

Osnabrück: **Hopsession**

FOTO: HOPSESSION

Mitten in der Osnabrücker Altstadt hat Geschäftsführer Adrien Renauldon mit kräftiger Unterstützung von Lisa Materna vor mehr als einem Jahr das Hopsession eröffnet. Etwa 150 verschiedene Biere umfasst das Sortiment. Neugierige Kunden können auch schon vor Ort probieren oder auch mal ein Bier vom Hahn verkosten. Jeden Monat findet ein Tasting mit wechselnden Bierstilen für zwölf Personen statt, auch private Verkostungen können gebucht werden.

➔ Heger Straße 13, 49074 Osnabrück, www.hopsession.de

Regensburg: **Birretta**

FOTO: T. HOLZMANN

Seit Mai 2015 finden die Regensburger mit dem Birretta eine verlässliche Quelle für feinste Craftbiere aus Deutschland und der Welt. Einen Schwerpunkt innerhalb ihres Sortiments mit mindestens 200 Bieren legen die Macher auf „local heroes" wie die Spitalbrauerei und Eichhofener. Biere jenseits des MHD werden gerne einmal an Bedürftige verschenkt. Durch den Erfolg des Shops in zentraler Innenstadtlage beflügelt, eröffnete das Betreiber-Quartett zudem die Birretta Bier (siehe S. 114) .

➔ Posthorngäßchen 2, 93047 Regensburg, www.birretta.de

Stuttgart: **Die Bierothek**

FOTO: DIE BIEROTHEK

Alle guten Dinge sind? Neun. So viele Filialen gibt es von der Bierothek nämlich mittlerweile. Eine davon seit Oktober 2016 auch im Herzen Stuttgarts. Im Erdgeschoss der Königsbau Passagen, direkt gegenüber vom zentralen Schlossplatz. Zwischen 300 und 350 verschiedene Biere aus aller Welt gibt es hier. Eines davon: das Hausbier „0711". Ein Keller-Pils, benannt nach der Stuttgarter Vorwahl. Mehrmals pro Monat finden Bierseminare statt: gemeinsam Biere verkosten und dabei schwätzen.

➔ Königstraße 26, Königsbau Passagen, 70173 Stuttgart, www.bierothek.de

Sulzberg: **Cervisia**

Im Shop von Hans-Hermann Höss kann man mehr als 200 Biere von regionalen Brauereien und aus aller Welt entdecken. Besonders: Die Bier-Wissensecken mit Hopfen zum Riechen, Malz zum Anfassen, Filmsequenzen und Info-Tafeln zum Gucken. Wer selbst mal brauen möchte, kann sich in einem der Workshops versuchen oder sein Bierwissen bei Themenabenden und Tastings vertiefen. Ergattern lassen sich im Shop außerdem kreative Mitbringsel wie Bierpralinen, -senf oder -seife.

➔ Gewerbepark 35, 87477 Sulzberg, www.cervisia.bayern

Trier: **The Hop Shop**

Mehr als 250 Biere bietet Robert Russel in seinem Shop an, den er im November 2016 in der Trierer Neustraße eröffnet hat. Monatlich finden Verkostungen statt. Außerdem wird etwa alle zwei Monate eine Brauerei vorgestellt, oft sind die Brauer selbst da. Vom Hahn können dann kostenlos zwei Sorten frisch gezapft gekostet werden. Als gebürtigem Engländer ist es Russel eine Herzensangelegenheit, seinen Kunden englische Stile näherzubringen.

FOTO: ROBERT RUSSEL

➔ Neustraße 63, 54290 Trier, www.facebook.com/thehopshoptrier

BIER KNOW HOW

DIE CRAFTBIER-STORY

Woher das kommt – und wohin das führt.

FOTO: LASSEDESIGNEN / SQUARELOGO - FOTOLIA.COM

Ohne Jimmy Carter sähe die Bierwelt heute vermutlich anders aus. Der ehemalige US-Präsident war es, der am 14. Oktober 1978 den sogenannten Cranston Act unterzeichnete und in dessen Zuge das Heimbrauen erlaubte. Der Startschuss für eine grundlegende Neuordnung des US-amerikanischen Biermarktes, der Ende der 1970er einen Tiefpunkt an Kreativität und Vielfalt erreicht hatte. Nur noch knapp 100 Brauereien gab es zu dieser Zeit im Land, die meisten in der Hand großer Konzerne. Zu Beginn des Jahrhunderts, um 1910, waren es noch gut 1.500 Brauereien. Und heute? Heute erleben die USA einen ungebrochenen Bierboom. Ende 2017 verteilten sich sage und schreibe 6.372 Brauereien über das Land, die überwältigende Mehrheit davon kleine, regionale Betriebe, die es ohne Jimmy Carters Erlass heute vielleicht nicht geben würde.

Was nach der Legalisierung des Heimbrauens zunächst in Kellern und vor allem Garagen kreative Blüten trieb, schwappte schon bald in den professionellen Bereich über. Fritz Maytag mit Anchor Brewing und Ken Grossman mit Sierra Nevada Brewing sind nur zwei von etlichen Beispielen, die schnell größere Popularität erreichten und der frischen Craftbier-Bewegung ein Gesicht gaben. Die neue Generation einte der Wunsch nach Vielfalt, die Lust am Experiment, die Leidenschaft für natürliche Rohstoffe, das ultimative Streben nach Qualität – und ein Berufsethos, der das Bierbrauen als Handwerk („Craft") versteht. Das nach neuer kreativer Biervielfalt lechzende Land gab der Bewegung von Beginn an Rückenwind, von Jahr zu Jahr wuchs die Anzahl und Bedeutung der Craft-Brauereien. Ende 2017 trugen sie 12,7 % zum gesamten US-Bierabsatz bei.

Kein US-Phänomen

Dass der handwerkliche Biertrend kein US-Phänomen bleiben würde, zeichnete sich mit der Zeit ab. Europa mit den klassischen Biernationen England, Belgien und Deutschland jedoch brauchte etwas länger, etwa bis zur Jahrtausendwende, bis die neue kreative Bierwelt auch dort erste zarte Pflänzchen trieb. Gutes Bier aus den USA? Das schien den meisten doch im Wortsinne etwas weit hergeholt. Zumal deutsches Bier weltweit zu Recht hochgelobt wird und der hiesige Biermarkt historisch grundlegend anders strukturiert ist als der US-Markt. Dank einer starken regionalen Prägung mit vielen traditionellen Familienbrauereien – vor allem im süddeutschen Raum – ist in Deutschland eine Vielfalt an Braustätten und Bierstilen stets erhalten geblieben.

Der Wunsch nach frischem Wind, nach neuen Gesichtern, nach größerer Vielfalt vor allem in der Gastronomie brach sich dennoch Bahn. Langsam, aber stetig. Fritz Wülfing (Fritzale, später Ale-Mania) darf als einer der Pioniere in Deutschland genannt werden, ebenso Peter Esser (Braustelle, Köln), Thomas Wachno (Hopfenstopfer) oder Sebastian Sauer (Freigeist Bierkultur). Größere Bekanntheit errang Craftbier jedoch erst im Herbst 2010, als Braufactum, eine Tochter der Radeberger Gruppe, ihre international inspirierten Biere in aufmerksamkeitsstarken Großflaschen in den Handel und unter die Leute brachte. Spätestens seitdem ist Bier samt seiner Herstellung und den dahinter stehenden Brauern wieder ein Thema: in den Medien, im Freundeskreis, beim Essen…

Was sich seitdem in Deutschland getan hat, lässt sich getrost als kleiner Boom bezeichnen. Die Anzahl der Braustätten ist von 1.333 im Jahr 2010 auf 1.492 im Jahr 2017 angewachsen. Im Juni 2018 schließlich zeichnete der Deutsche Brauer-Bund Lillebräu aus Kiel symbolisch als 1500. Brauerei aus. Gelernte Brauer auf der Suche nach neuen Herausforderungen und mit dem Wunsch nach persönlicher Verwirklichung machen die neue Biergeneration ebenso aus wie Quereinsteiger – und auch in den traditionellen Familienbrauereien sorgt der Nachwuchs häufig für Erneuerung.

Neue Impulse erhofft

Da sich die Craftbrauer-Definition aus den USA nur schwer auf deutsche Verhältnisse übertragen lässt, können kaum gesicherte Aussagen über den Wert und die Bedeutung der Handwerksbrauer getroffen werden. Im Handel, der den Craftbieren in den letzten Jahren relativ viel Platz eingeräumt hat, diese aber meist nicht kompetent erklären und verkaufen konnte, war zuletzt eine leichte Konsolidierung zu beobachten. Neue Wachstumsimpulse erhoffen sich die Brauer und Händler nun von der Gastronomie – der Ort, an dem Marken und Produkte seit jeher „gemacht" werden.

INNERE WERTE

Hopfen, Malz, Hefe und Wasser – mehr ist nicht drin im Bier, zumindest wenn es nach dem Deutschen Reinheitsgebot aus dem Jahre 1516 geht. Jeder der vier Rohstoffe ist für sich genommen ein kleines Wunder und nimmt enormen Einfluss auf den Geschmack des Bieres.

HOPFEN

…verleiht dem Bier nicht nur seinen herb-aromatischen Geschmack. Er sorgt auf ganz natürliche Weise für Haltbarkeit und einen cremigen und stabilen Schaum. Für die Brauer sind nur die unbefruchteten Blütenstände der weiblichen Hopfenpflanzen, die Dolden, von Interesse. So werden in den Hopfengärten ausschließlich weibliche Pflanzen kultiviert.

Im Hopfen finden sich neben der Cellulose vor allem Alpha- und Betasäuren, Hopfenöle und Polyphenole. Die Bittere im Bier wird von den Alphasäuren bestimmt. Die Substanzen des Hopfenöls sind flüchtig und gehen weitestgehend beim Brauen verloren. Verstärkt werden kann das Hopfenaroma im Bier durch eine spätere, zusätzliche Hopfengabe, wie dies etwa bei der Kalthopfung geschieht.

Häufiger als die getrockneten Dolden werden heute Hopfenextrakt oder Hopfenpulver eingesetzt. Von Vorteil ist deren längere Haltbarkeit.

MALZ

...bestimmt die Farbe des Bieres und wird aus gekeimtem und getrocknetem Getreide, wie Gerste und Weizen, aber auch Dinkel und Roggen gewonnen. Beim Mälzen werden Enzyme und Fermente gebildet und aktiviert, die die Stärke im Korn während des Brauens in Dextrin und Malzzucker umwandeln. Dazu wird das Getreide zunächst eingeweicht und mehrmals unter Wasser gesetzt. Der Malzsorte entsprechend wird der Keimprozess gesteuert und durch Trocknen (Darren) gestoppt.

Für die Farbe des Malzes und des späteren Bieres ist die Temperatur während des Darrens entscheidend. Brauer können neben klassischen Malzen aus einer großen Vielfalt von Spezialmalzen wählen und etwa bei Bierspezialitäten besondere Akzente setzen.

Malz kann beispielsweise Aromen von Nüssen, Honig oder Karamell im Bier erzeugen. Noten von Kaffee, dunkler Schokolade, getrockneten Früchten oder gebrannten Mandeln können Röstmalze ausbilden.

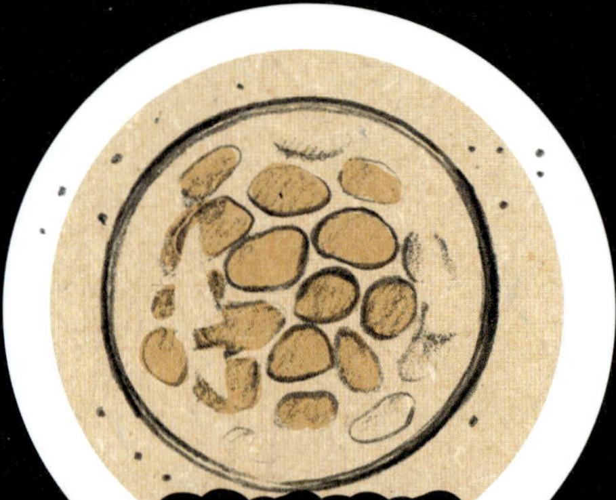

HEFE

… ist für das Vergären der Bierwürze verantwortlich. Als einzelliger Sporenpilz sorgt sie für den Alkohol und die Kohlensäure im Bier und beeinflusst Charakter und Geschmack. Unterschieden wird zwischen ober- und untergärigen Hefen. Letztere sinken an den Boden des Gärtanks und arbeiten optimal bei tiefen Temperaturen von 4 bis 9 Grad. Gebraut werden damit vorwiegend schlankere Biere, wie Pils, Helles oder Export.

Obergärige Hefen werden erst bei höheren Temperaturen von 15 bis 20 Grad aktiv und bilden im Gärbottich beeindruckende Hefedecken. Sie dominieren die fruchtigeren, süßeren Bierstile. Neben den wohl bekanntesten Hefearomen Banane und Nelke im Weißbier können auch blumige Aromen wie Rose und Geranie oder Fruchtnoten sowie süße Töne wie etwa Honig entstehen.

Übrigens: Wissenschaftler forschen nach Hefestämmen, mit denen früher gebraut wurde. Diese finden sich zum Beispiel in alten Bierkellern und können reaktiviert werden.

WASSER

…beeinflusst die Qualität des Biers erheblich, macht dieses doch rund 92 Prozent des fertigen Produkts aus. Die Ansprüche an das Brauwasser sind deshalb hoch. In der Branche gilt die Regel: Brauwasser ist immer Trinkwasser, Trinkwasser aber nicht immer Brauwasser. Hinzu kommt: Wasser ist nicht gleich Wasser. Der Gehalt an unterschiedlichen Salzen prägt den Charakter des Wassers und macht es für die Produktion für bestimmte Biere geeignet.

Historisch gesehen ist daher das Wasser verantwortlich für die Entstehung von regionalen Biertypen. Das besonders mineralstoffarme und somit sehr weiche Wasser in Böhmen rund um die Stadt Pilsen war Voraussetzung für das Entstehen des hellen, hopfenbetonten Pilsener Biertyps. Das harte Wasser der bayerischen Landeshauptstadt brachte den dunklen Münchner Typ hervor.

Um den Brauern die Freiheit zu lassen, jede Biersorte brauen zu können, erlaubt das Reinheitsgebot Enthärtungsverfahren.

SO GEHT BIER

Der Brauprozess in seinen wesentlichen Schritten

❶ Zu Beginn wird Malz in einer Mühle zu Schrot gemahlen, um die Stärke freizulegen. ❷ Das geschrotete Malz wird mit Wasser in der Maischepfanne vermengt und in verschiedenen Stufen erhitzt, um die malzeigenen Enzyme zu aktivieren, die für die Verzuckerung der Stärke sorgen (1-1,5 Std.).

❸ Die so hergestellte Maische wandert in den Läuterbottich, Festes (Malztreber) wird von Flüssigem getrennt. Die Spelzen des Malzes dienen als natürlicher Filter. Wassernachgüsse spülen den Restzucker aus dem Treber; die Würze entsteht und wird abgezogen (2-3 Std.).

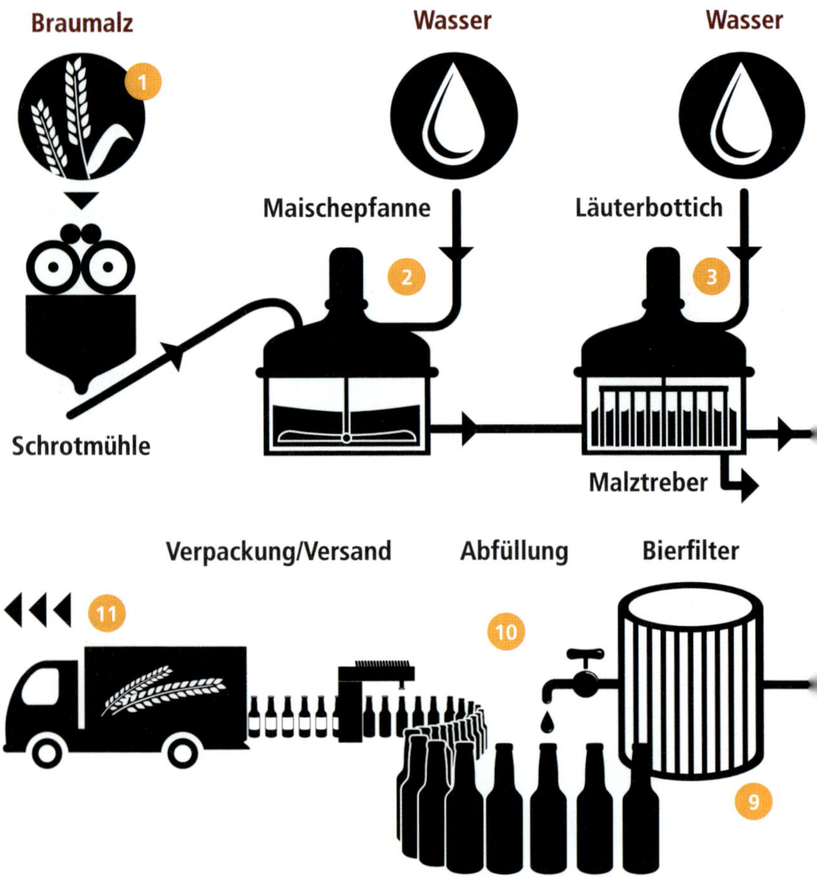

4 In der Würzepfanne wird die Würze gekocht und dabei sterilisiert. Unerwünschte Aromen verdampfen, der Hopfen (Bitter- und Aromahopfen) kommt ins Spiel (1-1,5 Std.). 5 Nächste Station ist der Whirlpool. Die Würze rotiert am Rand, letzte Feststoffe (z.B. unlösliches Eiweiß) setzen sich in der Mitte ab. Zweite Hopfengabe möglich.
6 Frisch aus dem Whirlpool wird die Würze gekühlt und auf Temperatur für die Gärung gebracht. 7 Im Gärtank verrichtet die Hefe (ober- oder untergärig) ihre Arbeit, sie verwandelt den Zucker in Alkohol und Kohlensäure (ca. 3-10 Tage je nach Bierstil). Beliebter Zeitpunkt für Kalthopfung. 8 In Lagertanks reift das Bier dann mehrere Wochen (je nach Bierstil). Kohlensäure wird gebunden, unerwünschte Aromen werden abgebaut. Bei Bedarf weitere (Aroma-) Hopfengabe. 9 Um die Haltbarkeit zu steigern, kann das Bier gefiltert werden. 10 + 11 In Flaschen, Dosen oder Fässer abgefüllt geht das Bier schließlich auf die Reise.

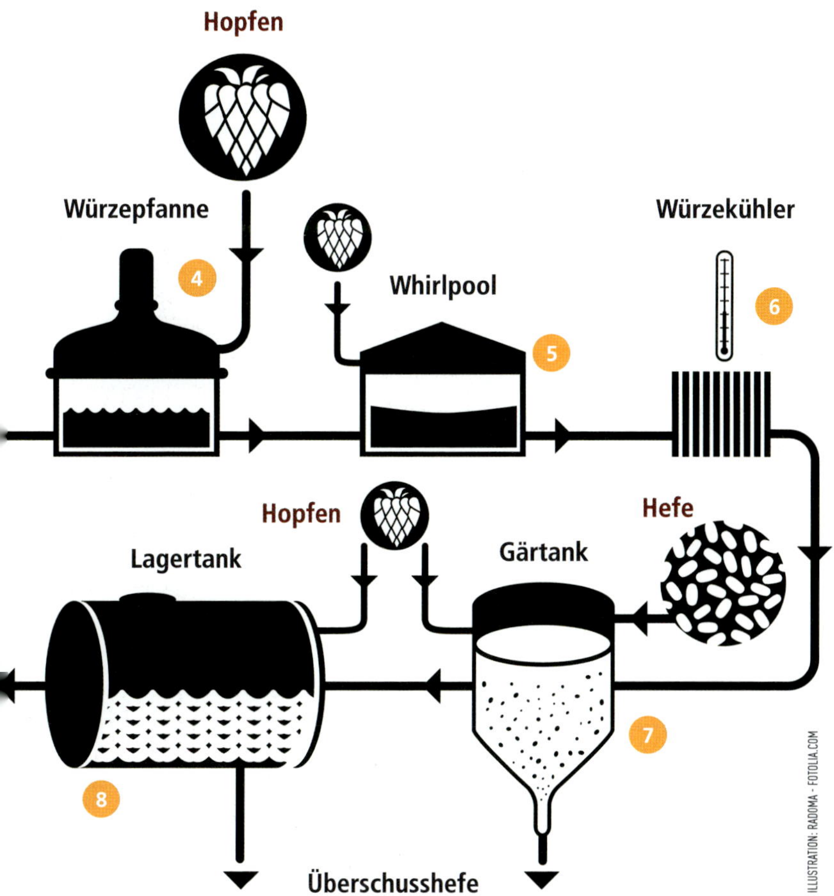

ILLUSTRATION: RADOMA - FOTOLIA.COM

BIERSTILKUNDE

Mit der Welt der Craftbiere öffnet sich die Tür zu vielen bislang unbekannten Bierstilen. Die wichtigsten im Kurzporträt.

ALE (obergärig)

LAMBIC (spontanvergoren)

LAGER (untergärig)

BARLEY WINE

Trotz des Namens handelt es sich beim „Gerstenwein" natürlich nicht um einen Wein, sondern um ein intensives Bier, das seine Bezeichnung dem eher weintypischen Alkoholgehalt von gut und gerne 12 Volumenprozent zu verdanken hat. Barley Wines sind obergärig, dunkelbernsteinfarben, kupferfarben bis rotbräunlich und nur wenig oder gar nicht durch Hopfen geprägt, dafür aber umso stärker durch das Malz.

Der Schaum ist kaum vorhanden und kann sehr grobporig sein. Die Rezenz ist sehr schwach. Komplexe, süßliche Aromen wie Karamell oder Weintrauben treffen auf leichte säuerliche Noten und einen sehr dichten Körper. Hinzu kommen ausgeprägte fruchtige Elemente. Auch nussige Röstaromen, bis hin zu Kaffee, sowie der Eindruck von schwarzer Brotkruste sind gängig.

Barley Wines beeindrucken durch einen langanhaltenden Nachtrunk, oft mit deutlichen Alkoholnoten. Oxidative Noten nach Sherry oder Rumtopf sind ebenfalls zu finden.

Alkoholgehalt: ca. 8-12 % vol.

BLONDE ALE

Blonde Ale bezeichnet – ähnlich wie Brown Ale (siehe dort) – eine ganze Gattung an je nach Herkunft unterschiedlich interpretierten, hellgelben bis goldfarbenen, obergärigen Bieren. Amerikanische Blonde Ales haben oft eine süßliche Malznote.

Zitrusaromen, die vom Hopfen herrühren, und florale Hopfentöne sind typisch für die amerikanische Interpretation des Stils, ebenso an Gelbfrüchte erinnernde Gärungsaromen (Gärungsester). US-Blonde Ales gehören eher zu den schlanken Ales und sollten erfrischenden Charakter haben. In ihrer niedrigprozentigen Form (um 4 Vol. % Alk.) werden sie häufig auch als Summer Ale bezeichnet.

Süffig, mild und trocken sollten auch belgische Blonde Ales schmecken, wenngleich sie es auf bis zu 7 Vol. % Alkohol bringen können. Jenseits dessen spricht man von Strong Blonde Ales. Wie die amerikanischen sind auch die belgischen Blonde Ales deutlich stärker vom Malz als vom Hopfen geprägt. Sie dürfen aber auch fruchtige Gärungsester aufweisen und exotische Noten tragen. Und was verbirgt sich hinter dem Blonde Ale Kölsch Style? Genau, das obergärige deutsche Kölsch.

Alkoholgehalt: ca. 4-6,5 % vol. (American), ca. 5,5-7,5 % vol. (Belgian)

BROWN ALE

Brown Ales haben ihren Ursprung in der ruhmreichen englischen Bierhistorie, heute trifft man auf diverse internationale Spielarten dieses Bierstils. Gemeinsam sind ihnen der obergärige Charakter sowie die dunkelbraune oder dunkel-kupferfarbene Optik. Das britische Original ist schwach bis moderat rezent und präsentiert sich trocken mit Röstaromen, schokoladigen und nussigen Noten. Englische Brown Ales weisen nur ein schwaches Hopfenaroma sowie eine verhaltene Bittere auf.

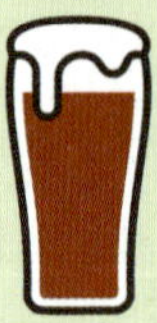

Stark rezent hingegen sind die belgischen Brown Ales, die aromatisch maßgeblich durch das Malz geprägt sind. So kommen Karamell-, Schokoladen-, Röst- und Biskuitaromen zum Tragen, ebenso würzige und nussige Töne. Oft präsentieren sich belgische Brown Ales etwas säuerlicher als ihre englischen oder amerikanischen Pendants.

Die amerikanischen Vertreter wiederum zeichnen sich durch eine relativ hohe Rezenz, durch hohe Konzentrationen an fruchtigen Gärungsestern, einen mittelstarken Röstmalzcharakter und ein deutlich wahrnehmbares Hopfenaroma aus. Aromen wie Karamell und Schokolade runden den Geschmack ab, oftmals kommen aber auch Zitrusnoten mit ins Spiel. Die amerikanischen Brown Ales sind moderat bis stark bitter. Übrigens: Unter Brown Ale Düsseldorf Style versteht man in der internationalen Biersprache die deutschen Altbiere.

Alkoholgehalt: ca. 4,5-6 % vol.

DUBBEL

Wie das Tripel gehört auch das belgische Dubbel zu den typischen Klosterbieren. Als Begründer des Bierstils wird häufig die Abtei Westmalle genannt, die im Jahr 1856 erstmals ein Dubbel gebraut haben soll. Namentlich ist das Dubbel die Steigerung des normalen blonden Bieres (Blonde).

Dubbel sind obergärig, braun bis dunkel-bernsteinfarben und haben einen dichten, cremigen Schaum. Diesen und ihre mittelstarke bis starke Rezenz verdanken sie – wie viele andere belgische Bierspezialitäten auch – einer zweiten Gärung in der Flasche.

Aromen von Gewürzen, Dörrobst sowie fruchtige, weinige und Karamellnoten sind typisch. Das Hopfenaroma und die Hopfenbittere sind sehr unterschiedlich stark ausgeprägt. Der Geruch von Banane kann durch moderate bis hohe Konzentrationen an fruchtigen Gärungsestern deutlich hervortreten. Weiterhin sind Noten von Rosinen und Kakao zu finden. Dubbel besitzen einen ausgeprägten Körper und einen alkoholaromatischen Abgang, jedoch ohne die typische Malzsüße.

Alkoholgehalt: ca. 6-8 % vol.

DARK ALE

Natürlich gibt es neben den Blonde und den Brown Ales auch die Dark Ales in verschiedenen internationalen Spielarten. Ob englisch, belgisch oder amerikanisch – ihnen gemein ist die dunkelbraune bis schwarze Farbe, die moderate Rezenz und die deutliche Prägung durch Röstmalzaromen. Allerdings sollte sich das dunkle Röstaroma nicht in eine brandige, rauchige oder adstringierende Richtung bewegen (vergleiche dazu Stout). Sowohl das Hopfenaroma als auch die Hopfenbittere können durchaus präsent sein.

Amerikanische Dark Ales weisen neben den Röstmalzaromen fruchtige, blumige, würzige, harzige und auch kräutrige Noten auf und können manchmal auch mit Aromen von Zitrus, Melone und Brombeeren aufwarten. Fruchtige Gärungsester, die etwa nach Waldbeeren riechen, bringen auch die belgischen Dark Ales von Fall zu Fall mit. Typisch für die englischen Vertreter wiederum ist ein sehr trockener, bitterer Nachtrunk.

Die Steigerung des Dark Ale ist das Dark Strong Ale.

Alkoholgehalt: ca. 5-7,5 % vol.

EISBOCK

Die durch Gefrierkonzentrierung gewonnen Eisböcke zählen zu den besonders aufwendigen Spezialitäten – und zu den stärksten Bieren überhaupt. Per Zufall erfunden haben soll den Bierstil ein fränkischer Brauergeselle, der versehentlich im Winter 1890 ein paar Fässer mit Bockbier im Freien vergaß.

Heute werden die Biere in Kühlkammern eingefroren, die nicht gefrorene Flüssigkeit (Ethanol friert erst bei minus 114 Grad) kann aus dem Tank abgezogen werden und ist umso konzentrierter und alkoholreicher, je mehr Wasser respektive Eis entzogen wird. Eisböcke sind meist kupfer-, mahagonifarben bis dunkelbraun und weisen kaum Schaumbildung auf. Ebenso gering ist die Rezenz.

Typisch für Eisböcke ist ein sehr süßlicher Malzcharakter, während die Hopfenbittere kaum präsent ist. Der sehr hohe Alkoholgehalt bestimmt das Geschmacksbild vom Antrunk bis zum Nachtrunk und hebt die karamell- und honigartigen Aromen stark hervor. Gleichzeitig erinnern Eisbock-Biere an Pflaumen oder Trauben, mit zunehmendem Alter auch an Pflaumenlikör oder Rumtopf.

Alkoholgehalt: ca. 8-15 % vol.
(nach oben offen)

GUEUZE

Hinter der Gueuze steckt ein belgisches Sauerbier, das weltweit Fans und Nachahmer findet. Basis einer jeden Gueuze sind Lambics unterschiedlichen Alters, die miteinander verschnitten werden. Lambic ist sicherlich einer der traditionsreichsten belgischen Bierstile und beruht auf einer Spontanvergärung mittels wilder, in der Luft befindlicher Hefen. Das Sennetal rund um Brüssel eignet sich aufgrund seines besonderen Mikroklimas und der wilden Hefen (Brettanomyces bruxellensis) besonders für die Produktion der Lambics.

Gebraut wird nur in den kalten Monaten (ca. Oktober bis April), da zu dieser Zeit die gewünschten Mikroorganismen aktiv sind. Die Lambics reifen zwischen wenigen Monaten und mehreren Jahren in großen Holzfässern, werden dann verschnitten und in Flaschen abgefüllt. In der Flasche kommt es dann zur Nachgärung, was die fertige Gueuze sehr rezent werden lässt.

Im Charakter ist eine Gueuze sauer, fruchtig-esterig mit wenig Hopfen- und Malzgeschmack. Sie besitzt einen schlanken Körper, der an Champagner erinnert und klingt sehr trocken aus.

Alkoholgehalt: ca. 5-7 % vol.

FRUCHTLAMBICS

Grundlage für die bekannten belgischen Fruchtbiere bildet Lambic. Diesem werden Früchte, Fruchtsäfte oder Extrakte hinzugefügt. Das traditionellste und bekannteste Fruchtbier auf Lambic-Basis ist das Kriek. Bei der Herstellung lässt man mindestens 20 Kilogramm Sauerkirschen in 100 Liter altem, das heißt gereiftem Lambic ziehen.

Kriek weist geschmacklich alle Charakteristika einer Gueuze auf, kombiniert mit dem fruchtigen Aroma der Sauerkirsche. Beliebt sind zudem Fruchtvarianten wie Cassis, Apfel, Pfirsich und Himbeeren.

Alkoholgehalt: ca. 4-6 % vol.

INDIA PALE ALE (IPA)

Das India Pale Ale – der Name lässt es schon vermuten – ist eines der drei klassischen britischen Handelsbiere (die anderen beiden sind Baltic Porter und Russian Imperial Stout). Die Entstehung des India Pale Ales ist untrennbar verbunden mit dem Bierstil Pale Ale (siehe dort).

Als die Briten im 18. Jahrhundert begannen, ihr Kolonialreich auf Südasien, vor allem Indien, auszuweiten, wollten die dort stationierten Truppen natürlich nicht auf ihr geliebtes Bier verzichten. Das übliche Pale Ale erwies sich jedoch nicht als tauglich für den Export, weil es die lange Überfahrt nicht schadlos überstand. Also fingen die Brauer an, Biere mit einer höheren Stammwürze und mehr Hopfen einzubrauen, um die Haltbarkeit zu erhöhen. Zusätzlich fügten sie noch Hopfen in die Transportfässer (Hopfenstopfen) und sorgten so für weitere Konservierung. Ob die Legende stimmt, dass die so verschifften Biere an ihrem Zielort eigentlich wieder rückverdünnt werden sollten, ist nicht gänzlich belegt. In jedem Fall schmeckte das Bier – und ein neuer Stil war geboren, der heute zu den beliebtesten der Craft-Szene zählt. Insbesondere in seiner Ende der 1970er, Anfang der 1980er amerikanisierten Variante mit viel US-Aromahopfen und entsprechend fruchtigen, blumigen und harzigen Aromen. Diese Biere sind meist vollmundig, fruchtig, frisch und im Abgang von einer lang anhaltenden, starken Hopfenbittere geprägt. Das britische Original zeichnet sich hingegen eher durch erdige, harzige, grasige und kräuterige Aromen aus. Durch das Brauen mit hartem, stark mineralischem Wasser weisen sie eine trockene Frische auf.

Im Zuge der Craft-Bewegung haben sich etliche Unterarten des IPAs entwickelt, vom leichteren Session IPA über das dunkle Black IPA, das besonders trübe und fruchtige New England IPA, das besonders starke Imperial IPA bis hin zum besonders trockenen Brut IPA.

Alkoholgehalt: je nach Typ zwischen ca. 4 % vol. (Session IPA) und bis zu ca. 9 % vol. (Imperial IPA)

PALE ALE

Gemeinsam mit dem India Pale Ale (IPA, siehe dort) bildet das Pale Ale den Pfeiler der Craftbier-Bewegung. Nahezu jeder, der sich mit der neuen Bierwelt beschäftigt, findet den Eingang durch diesen obergärigen Bierstil.

Dabei ist das klassische englische Pale Ale beileibe keine neue Erscheinung: Es zählt hingegen zu den archetypischen britischen Ales und ist wohl Anfang des 18. Jahrhunderts entstanden, als es technisch möglich wurde, hellere Malze herzustellen. Englische Pale Ales sind meist schwach rezente, durch die Hopfenbittere geprägte, herbe Biere. Das Aromabild wird durch erdige, kräuterige Noten bestimmt, fruchtige Aromen durch Gärungsester können ebenfalls hinzutreten. Die Malzaromatik ist weniger stark ausgeprägt, biskuit- oder karamellartige Noten können eine gewisse Rolle spielen.

Die meisten der heutigen Craftbrauer orientieren sich jedoch weniger an der urbritischen als vielmehr an der modernen, amerikanischen Version des Bierstils, der mit Aufkommen der US-Heimbrauerbewegung ab den späten 1970ern entstand. Typisch für die American Pale Ales sind die harzigen und zitrusfruchtigen Noten der amerikanischen Aromahopfensorten, darunter vor allem Cascade, die den Bieren per Kalthopfung hinzugefügt werden. Die Biere sind stark rezent, frisch im Antrunk und eher herb im Abgang. Ein moderates Malzaroma mit geringen Karamellnoten wird von einem deutlichen Hopfenaroma begleitet, es zeigen sich Zitrus- und Kernobst-artige und blumig-florale Noten. Darüber hinaus sind die an Gelbfrüchte oder rote Beeren erinnernden Gärungsester klar erkennbar.

Die vollmundigen American Pale Ales sind oft sehr fruchtig im Geschmack und präsentieren sich im Nachtrunk durch eine lang anhaltende Hopfenbittere.

Alkoholgehalt: ca. 5-7 % vol.

PORTER

Die tiefschwarzen, obergärigen Porter zählen zu den klassischen, englischen Bierstilen schlechthin. Ihr Ursprung hängt eng mit den Stouts zusammen (siehe dort), die Übergänge zwischen diesen beiden Bierstilen sind fließend (zumal jeder Stil zahlreiche Unterarten aufweist), sodass es häufig schwer fällt, ein Bier zweifelsfrei den Porterbieren oder den Stouts zuzuordnen.

Ihren Namen verdanken die Porter wohl den gleichnamigen Lastenträgern, die Anfang des 18. Jahrhunderts in England als Tagelöhner Waren von den Lagerhäusern zu den Märkten der Städte schafften und sich abends in den umliegenden Kneipen mit herzhaftem, dunklem Bier stärkten.

Typisch für Porterbiere ist ein stabiler Schaum, der sich feinporig und cremefarben bis braun präsentiert. Im Aroma dominiert das dunkle Malz, Noten von Kaffee, dunkler Schokolade oder Röstaromen sind zu erwarten. Im Antrunk kann sich eine Malzsüße bemerkbar machen, die aber durch die Kohlensäure sehr schnell in den Hintergrund tritt. Neben der mittleren bis starken Hopfenbittere können die Biere im Nachtrunk adstringierend sein.

Alkoholgehalt: ca. 5,5-7,5 % vol.

RED ALE / AMBER ALE

Red Ales und Amber Ales sind obergärige, bernstein- oder kastanienfarbene bis dunkelbernsteinfarbene Biere mit hoher Farbbrillanz. Sie zeichnen sich durch einen cremefarbenen, haltbaren Schaum aus und sind moderat bis stark rezent.

Typisch sind ein moderates Hopfenaroma und eine leichte Hopfenbittere. Um einiges stärker präsentiert sich das Malzaroma mit moderaten bis starken Karamellnoten, unterlegt von Pinien- und Vanilletönen. Im Zusammenspiel mit den fruchtigen Gärungsestern und den Hopfenaromen können Red Ales auch an Orangenschalen, Grapefruit oder Beerenfrüchte erinnern.

Alkoholgehalt: ca. 4,5-6 % vol.

SAISON

Der aus der südbelgischen, an Frankreich angrenzenden Provinz Hainaut stammende Bierstil Saison taucht in der Literatur auch häufig als Bière de Saison auf, in der amerikanisierten Version wird er heute meist als Farmhouse Ale bezeichnet. Traditionell war Saison ein auf den Bauernhöfen zur kalten Jahreszeit eingebrautes Bier, das dann an den heißen Sommertagen den Feldarbeitern als Erfrischung und Stärkung gereicht wurde.

Heute trifft man auf sehr unterschiedliche Interpretationen des Bierstils. Für die hellgelben bis orangefarbenen Saison-Biere sind eine starke Rezenz und ein weiß- bis cremefarbener, beständiger Schaum charakteristisch. Auch das Vergären in der Flasche ist typisch, wodurch die Gäraromen eine maßgebliche Rolle spielen. Man trifft auf Honig, Koriander, andere Würznoten wie Pfeffer und ledrig-animalische Noten (Brettanomyces). Zudem findet man ein mildes, zum Teil sehr süßes Malzaroma, ein schwach- bis mittelstark ausgeprägtes Hopfenaroma, erdige und auch fruchtige Noten (Orangen, Limetten).

Saison-Biere haben einen säuerlichen Charakter, weisen oftmals einen etwas prägnanteren Bitterton auf und können sogar adstringierend sein.

Alkoholgehalt: ca. 3,5-8 % vol.

TRIPEL

Die belgischen Tripelbiere sind obergärig, hell- bis goldgelb, sehr spritzig und dank der zweiten Gärung in der Flasche stark moussierend. Die ausgeprägte Rezenz verleiht den Tripelbieren einen dichten und cremeartigen Schaum. Deutliche Gewürznoten (z.B. Gewürznelke) gehen Hand in Hand mit einer leichten Fruchtigkeit (z.B. Orange).

Ebenso charakteristisch sind ein prägnantes Bananenaroma durch die Flaschengärung und das damit einhergehende Hefelager. Tripel besitzen einen kräftigen Körper, sollten dabei aber nicht zu süß oder gar mastig wirken. Typisch ist auch eine prägante, anhaltende Hopfenbittere und dank der hohen Volumenprozent ein alkoholaromatischer Abgang. Tripel sind beliebte Kloster- bzw. Trappistenbiere.

Alkoholgehalt: ca. 7-12 % vol.

STOUT

Die Legende sagt, dass der obergärige Bierstil Stout entstanden sei, als britische Brauer im Laufe des 19. Jahrhunderts begannen, ihr Porter (siehe dort) „stout" einzubrauen, sprich „stämmiger, fülliger". Stout bezeichnete demzufolge ehemals ein Porter mit mehr Körper und wohl auch höherem Alkoholgehalt.

Durch die im Laufe der Zeit entstandenen zahlreichen Unterarten – von Dry Stout über Oatmeal und Cream Stout bis Sweet Stout – greift diese Stilbeschreibung heute zu kurz. Gemeinsam haben die diversen Stouts allerdings eine sehr dunkle bis schwarze Farbe und einen feinporigen, äußerst festen und hellbraunen Schaum.

In der Rezenz können sich die Stout-Varianten stark unterscheiden. Gleichermaßen verhält es sich mit den rauchigen Aromen: Während beispielsweise bei einem Irish Stout keine rauchigen Aromen erwartet werden, können Foreign Stout stark rauchbetont sein. Typisch und stilprägend ist das stark malzige Geruchsbild, geprägt durch Kaffee-, Kakao- und Röstnoten. Ergänzend können fruchtige Gärungsaromen zum Vorschein kommen, die an dunkle Beeren erinnern. Auch ledrig-animalische Noten (hervorgerufen durch die wilde Hefeart Brettanomyces) sind möglich und können den Bieren durchaus Ecken und Kanten geben.

Im Geschmack wirken Stouts entweder trocken oder leicht süßlich, in jedem Fall sollte nach kurzer Zeit ein trockenes, sanft adstringierendes Mundgefühl in Erscheinung treten. Die Hopfenbittere fällt moderat bis stark aus und trägt gemeinsam mit der röstig-bitteren Note zum Charakter der Biere bei.

Alkoholgehalt: ca. 4-7,5 % vol.

WITBIER

Die aus Belgien stammenden Witbiere, auch als Biére Blanche bezeichnet, sind obergärige, mit Koriander, Orangenschalen und anderen Zutaten gewürzte Biere, deren Aroma deutlich hefegeprägt ist. Sie sind hellgelb, trüb und dank ihrer ausgeprägten Kohlensäurestruktur sehr rezent. Der Schaum ist weiß, sehr haltbar und dicht.

Gebraut werden sie aus ungemälztem Weizen und gemälzter Gerste, wodurch grasig-grüne Aromen entstehen. Hinzu kommen bei der Gärung produzierte Aromen nach Banane oder Ananas. Die Hopfenaromatik ist nur schwach ausgeprägt, ebenso die Hopfenbittere. Spürbar sind dafür häufig eine saure Komponente, moderate Mengen an fruchtigen Estern (Zitrusfrüchte, Orange) sowie Gewürznoten. Der insgesamt frisch-süßliche Eindruck ergänzt sich ideal mit Noten von Honig.

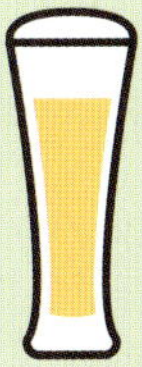

Dank ihres schlanken und leichten Trunks sind sie vor allem im Sommer beliebt.

Alkoholgehalt: ca. 4,5-5,5 % vol.

FORMSACHE

Die Form des Glases ist für den Genuss so entscheidend wie Hopfen, Malz und Hefe. Passt das Glas zum Bierstil, kitzelt es sämtliche Aromen aus Weißbier, Stout, IPA & Co. heraus. Eine Sortenkunde.

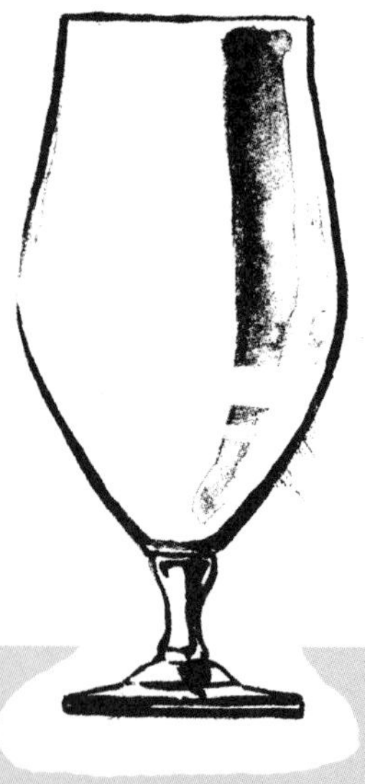

Pilstulpe

Die Pilstulpe ist wie der Verkostungspokal universell einsetzbar, allerdings ist die Fließgeschwindigkeit etwas rasanter. Wegen der Höhe des Trinkgefäßes bleibt das Bier aber auch länger frisch. Im bauchigen Teil sammeln sich die Aromen, der verjüngende Part konzentriert sie. Wird das Glas am Stiel angefasst, bleibt das Bier länger kühl. Besonders geeignet sind Tulpen für hopfenbetonte, frische Sorten wie Pils, aber auch für belgische Ales mit starken Hefenoten.

Die Basics

Bauchige Gläser, die sich nach oben hin verjüngen, bündeln die Aromen und konzentrieren das Bukett. Hohe und schmale Formate fördern die Kohlensäure und sorgen meist für kräftigen sowie stabilen Schaum. Dünnwandige Gläser lassen Duft und Geschmack von filigranen und komplexen Suden besser wahrnehmen und pushen den Biercharakter. Dickwandige Trinkgefäße wie der Steinkrug halten hingegen das Getränk länger kühl. Außerdem sind Öffnung und Rand dafür verantwortlich, auf welchen Punkt der Zunge das Bier trifft. Die Form bestimmt auch die Fließ- und Trinkgeschwindigkeit.

Bierkrug

Der Steinkrug ist einer der Urväter aller Trinkgefäße. Längst wurde er von Varianten aus Glas abgelöst und ist am häufigsten noch in traditionellen Braugaststätten anzutreffen. Hier wird Helles, Bockbier oder Festbier im dickwandigen Gefäß serviert. Zwar kühlt der Steinkrug das Bier lange, doch sind weder Farbe noch Aromen deutlich erkennbar. Die Maß lädt am ehesten zum rustikalen Trinkgelage mit kräftigem Anstoßen ein. So à la Oktoberfest.

Weizenglas

Wegen der hohen, schlanken Form hat die Kohlensäure im Weißbierglas genügend Spielraum, der Schaum verdichtet sich und bleibt stabil. Am Fuß verjüngt sich das Glas, damit das Bier länger frisch bleibt. Die breite Öffnung lässt das Bukett der typischen Weizenbieraromen atmen, aber nicht so leicht verfliegen. Beim Trinken wird das Glas gekippt, sodass große Schlucke erlaubt sind und das Weißbier auf den hinteren Bereich der Zunge trifft.

Kölschstange

Kölsch gilt als eher kohlensäurearmes Bier. Daher benötigt es ein hohes, schlankes und schmales Zylinder-Glas. Die Form sorgt dafür, dass der obergärige Sud trotzdem einen frischen Charakter vorweist und der meist nicht so üppige Schaum stabil bleibt. Leichtigkeit, geringe Größe und die schmale Öffnung der Kölsch-Stange laden zum raschen Trinken ein. Das Bier wird eher geschüttet und kommt deshalb hinten auf der Zunge an. Erst im Nachgang zeigen sich die Hopfennoten.

IPA-Glas

Hoch, dünnwandig und geriffelt ist das optimale IPA-Glas. Da hier die bauchige Form mit einer Verjüngung nach oben kombiniert wird, entfaltet sich der komplette Duft des Hopfens. Der geriffelte Stiel belüftet das Bier und schäumt es beim Genuss immer wieder auf. Das aromatische IPA fließt wegen des dünnwandigen und schmalen Mundrandes direkt, aber langsam auf die Mitte der Zunge. So breiten sich alle Aromen vollständig aus.

Sensorikglas

Das Verkostungsglas eignet sich vor allem für professionelle Tastings jeden Bierstils. Durch die bauchige Form des Trinkgefäßes entfaltet sich das komplette Aromenspektrum. Nach oben hin verjüngt sich das Glas, der Rand ist etwas nach außen gewölbt. Wegen dieser Eigenschaften konzentriert sich das Bukett und das Bier fließt langsam auf die gesamte Zunge. So können Bierkenner das ganze Geschmacksbild analysieren.

Stout-Glas

Um den röstigen Charakter von dunklen Bieren hervorzuheben, greifen Craft-Fans gern zum dünnwandigen Stout-Glas. Die ausgedehnte Form – ähnlich wie beim Rotweinglas – unterstreicht die aromatischen Akzente von Röstmalz. So zeigt ein Stout seine vollen Kaffee-, Kakao- und Schokoladennoten. Die obere Verjüngung des Glases verdichtet den Schaum, der Fuß macht ihn stabil und hält die Frische des Sudes. So ein Glas lädt zum langsamen Genießen ein

FOTO: AD LUMINA / RALF ZIEGLER

RICHTIG VERKOSTEN

Fruchtig, vollmundig, frisch – Bier ist eine komplexe Sache. Es zusammen mit Freunden zu verkosten, macht richtig Spaß. Dabei einige Regeln zu beachten, ist unabdingbar.

Das Thema

Am Anfang steht immer eine Entscheidung. Für die Verkostung heißt das, ein Thema zu finden. Hier gibt es ganz unterschiedliche Möglichkeiten:

- eine „Bierreise" durch ein bestimmtes Land (Deutschland, Belgien, USA etc.)
- mehrere Bierstile aus verschiedenen Ländern
- verschiedene Biere einer bestimmten Brauerei
- verschiedene Biere eines bestimmten Bierstils

Unser Tipp:
Ein Blick in gut sortierte Bierstores (auch online) und Getränkefachmärkte ist meist sehr inspirierend.

Die Biere

Steht das Thema, können die Biere ausgesucht werden. Zum Stöbern eignen sich der Getränkefachhandel, Bierstores oder gut sortierte Online-Biershops.

- Die Biere kühl und dunkel lagern, stehend, nicht liegend.
- Bei der Verkostung sollten die Biere nicht zu kalt sein, es empfiehlt sich eine Temperatur zwischen 9 und 12 Grad Celsius.
- Biere mit höherem Alkoholgehalt können etwas wärmer verkostet werden. Ein Bier mit mehr als zehn Volumenprozent Alkohol entfaltet seine Aromen erst ab 14 Grad Celsius gänzlich.
- Im Zweifel die Biere lieber etwas wärmer als zu kalt verkosten.

Der Ort

Bei einer professionellen Verkostung sollten weder geruchliche oder optische noch akustische Störer ablenken. Fernseher, Musik, Handys bleiben also aus. Außerdem sollte der Raum hell beleuchtet und frei von Fremdgerüchen sein. Rauchen und Duftsprays sind deshalb absolut tabu, Parfüm sparsam verwenden. Ein gut gelüfteter Raum nutzt nichts, wenn eine Parfümwolke in der Luft liegt.

Die Gläser

Die richtigen Gläser sind entscheidend, um Biere gut beurteilen zu können. Kein Glas kann jedoch alle sensorischen Eigenschaften eines Bierstils perfekt transportieren. So ist die sogenannte Kölsch-Stange für Kölsch das ideale Glas, für Eisbock eignet sich eine Art Cognac-Schwenker.

- Als Universalglas empfiehlt sich das Teku-Glas von Rastal oder der Sensorik-Pokal von Sahm.
- Dekore auf dem Glas, wie zum Beispiel Brauerei-Logos, lenken ab und sollten vermieden werden.

- Für eine bierstilübergreifende Verkostung sind durchaus auch Weingläser geeignet.

Der Tisch

Der Tisch wird mit einheitlichen Gläsern eingedeckt. Außerdem bereitstellen:

- stilles Wasser und Weißbrot zum Neutralisieren zwischen den Bieren
- eine Karaffe mit frischem Wasser zum Ausspülen der Gläser
- ein Gefäß zum Entleeren der Gläser
- Verkostungsbögen, Notizzettel und Stifte, um die Eindrücke der Biere zu notieren

Die Reihenfolge

Für die Reihenfolge einer Verkostung mit unterschiedlichen Bierstilen gibt es einfache Grundregeln:

- von leichten, alkoholarmen zu schweren, alkoholreichen Bieren
- von hellen, schlanken zu dunklen, voluminösen Bieren
- intensiv aromatische Biere, wie zum Beispiel Rauchbiere, zum Ende hin verkosten

Als Menge wird 0,1 l pro Glas empfohlen. Beim Einschenken bleiben die Gläser auf dem Tisch stehen, die Biere werden von oben eingeschenkt. So können sich die Aromen gut entfalten. Bevor es losgeht, sollte der jeweilige Bierstil kurz vorgestellt werden.

Unser Tipp:
Im Internet unter www.meininger.de/de/craft-beer-award/kategorien werden die wichtigsten Bierstile kurz beschrieben.

Die Verkostung

Zuerst wird das Aussehen des Bieres beurteilt. Hierbei spielt der Schaum eine wesentliche Rolle. Ist der Schaum voluminös oder wenig vorhanden? Ist er stabil oder fällt er schnell zusammen? Ist er sahnig, feinporig oder grobporig?

Anschließend geht es um die Farbe des Bieres. Dazu wird das Bier gegen einen weißen Hintergrund gehalten. Das Bier kann sehr konkret als zum Beispiel strohgelb, bernsteinfarben oder kastanienbraun beschrieben werden. Ebenfalls beurteilt wird die Klarheit des Bieres. Ist es klar, opalisierend oder gleichmäßig trüb?

Nach dem Aussehen geht es um den Geruch. Hierzu das Bier kurz im Glas schwenken und dann erst in das Glas hineinriechen.

Jetzt wird probiert. Im sogenannten Antrunk wird festgestellt, ob der Körper des Bieres leicht, schlank oder vollmundig ist. Ist er malzaromatisch oder würzeartig? Im Haupttrunk wird die Rezenz des Bieres bestimmt. Ist es spritzig, prickelnd oder leicht und mild? Ist das Bier adstringierend? Wie ist die Viskosität? Auf diese Weise wird das Mundgefühl beschrieben.

Nun der Geschmack: Schmeckt man die gleichen Aromen, die vorher beim Riechen wahrgenommen wurden? Oder kommen neue Aromen hinzu? Der sogenannte Nachtrunk beschreibt, ob die Bittere ausgewogen, feinherb oder sehr bitter ist und ob sie lange nachhängt.

Unser Tipp:
Wir empfehlen, die Biere immer blind zu verkosten. Nur die Person, die die Biere ausschenkt, weiß also, welches Bier im Glas ist. Die übrigen Verkoster kennen lediglich den Bierstil und das Herkunftsland. Die Biere sollten entweder in einem anderen Raum eingeschenkt und dann serviert werden oder die Bierflaschen stehen verdeckt am Tisch. Hierzu eignen sich beispielsweise schwarze Socken, denen die Spitzen abgeschnitten werden.

MEINE BIERTESTS

Frisch ans Werk.
Erstellt mit Hilfe der Verkostungsvorlage Eure eigenen Biertests und kürt Eure Lieblinge.

So geht's:

Pro Bierbeschreibung und -bewertung steht Euch eine halbe Seite zur Verfügung. Haltet den Namen des Biers, die Brauerei und weitere Angaben wie Bierstil, Alkoholgehalt und Preis fest.

Dann geht es an das aromatische Beschreiben mit Hilfe des Diagramms. Eine geringe Ausprägung bekommt eine Markierung im Innern des Kreises. Je deutlicher das Merkmal zutrifft, desto weiter außen setzt Ihr die Markierung. Füllt alle Attribute aus und verbindet anschließend die Punkte miteinander.

Das sich ergebende Spinnendiagramm spiegelt den Charakter des Bieres wider.

Bewertet abschließend das Bier nach dem Schulnotenprinzip. Erkennt Ihr sich wiederholende Muster bei Euren Favoriten? Steht Ihr eher auf hopfenaromatische, bittere Biere oder punkten bei Euch vor allem die malzgeprägten Biere?

Mehr Verkostungsbögen?
Ladet Euch weitere Vorlagen einfach kostenlos runter:
www.meininger.de/biertests

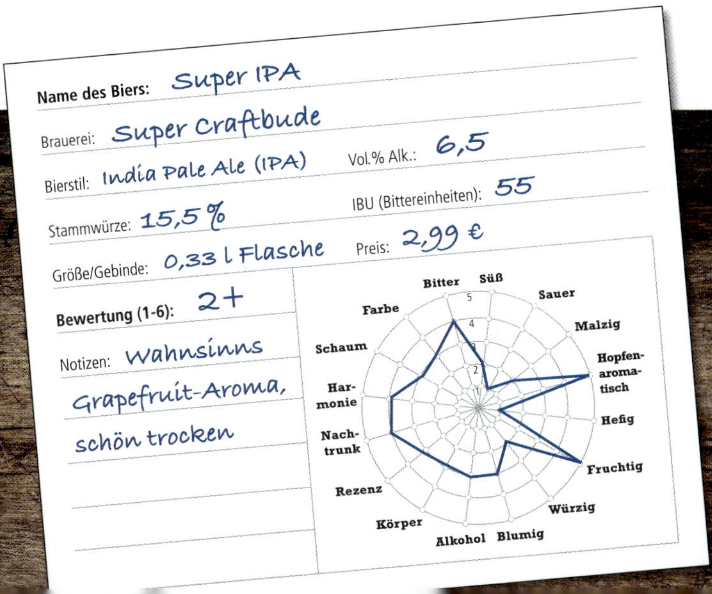

Name des Biers:

Brauerei:

Bierstil: Vol.% Alk.:

Stammwürze: IBU (Bittereinheiten):

Größe/Gebinde: Preis:

Bewertung (1-6):

Notizen:

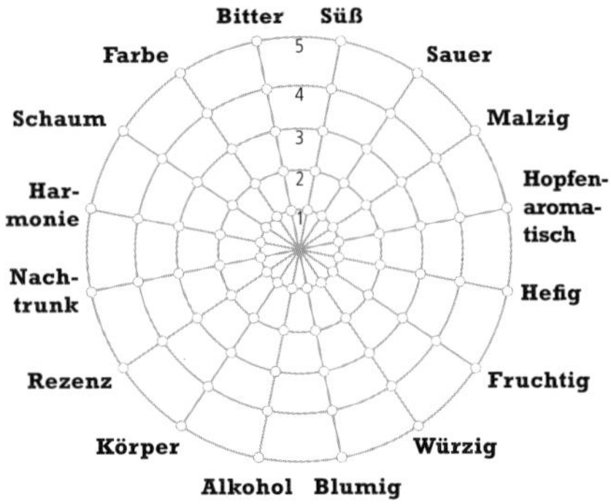

Name des Biers:

Brauerei:

Bierstil: Vol.% Alk.:

Stammwürze: IBU (Bittereinheiten):

Größe/Gebinde: Preis:

Bewertung (1-6):

Notizen:

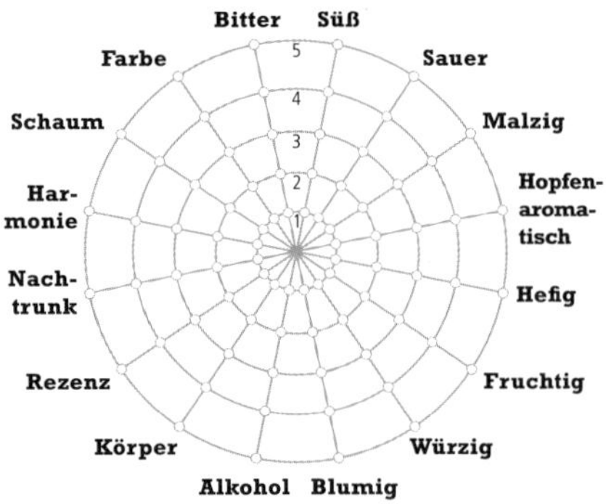

Name des Biers:

Brauerei:

Bierstil: Vol.% Alk.:

Stammwürze: IBU (Bittereinheiten):

Größe/Gebinde: Preis:

Bewertung (1-6):

Notizen:

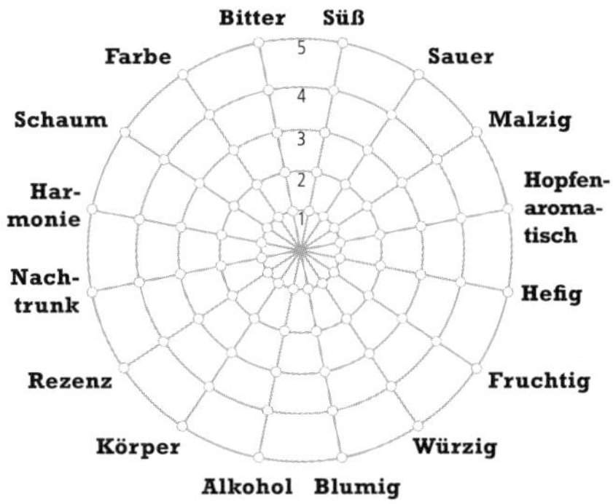

Name des Biers:

Brauerei:

Bierstil: Vol.% Alk.:

Stammwürze: IBU (Bittereinheiten):

Größe/Gebinde: Preis:

Bewertung (1-6):

Notizen:

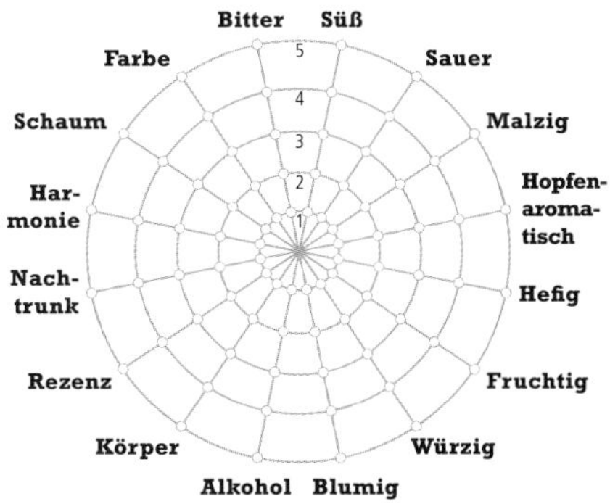

Name des Biers:

Brauerei:

Bierstil: Vol.% Alk.:

Stammwürze: IBU (Bittereinheiten):

Größe/Gebinde: Preis:

Bewertung (1-6):

Notizen:

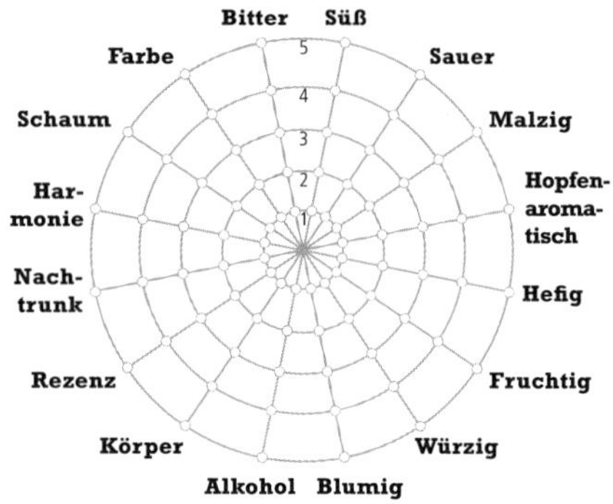

Name des Biers:

Brauerei:

Bierstil: Vol.% Alk.:

Stammwürze: IBU (Bittereinheiten):

Größe/Gebinde: Preis:

Bewertung (1-6):

Notizen:

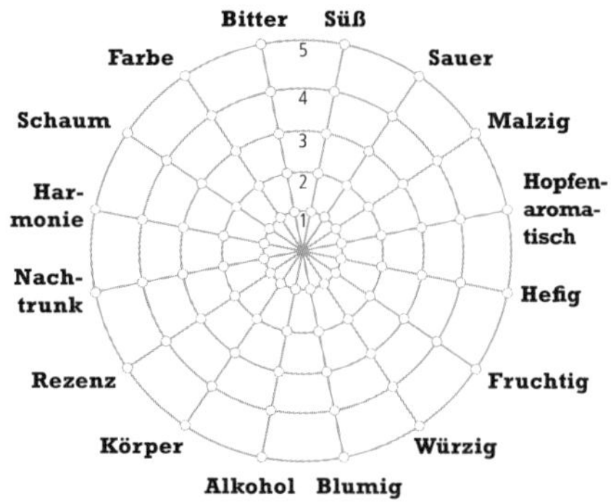

Name des Biers:

Brauerei:

Bierstil: Vol.% Alk.:

Stammwürze: IBU (Bittereinheiten):

Größe/Gebinde: Preis:

Bewertung (1-6):

Notizen:

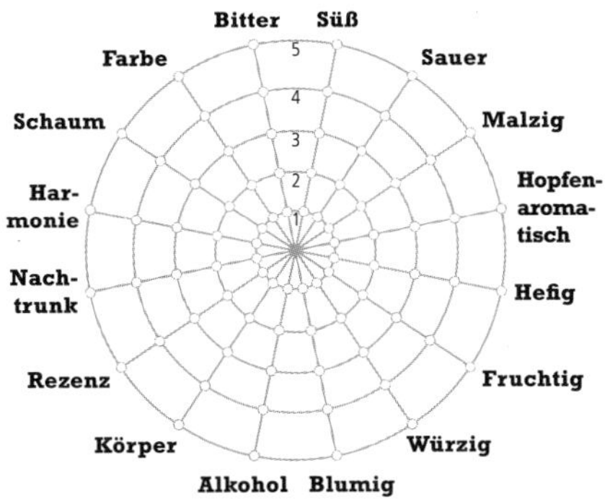

Name des Biers:

Brauerei:

Bierstil: Vol.% Alk.:

Stammwürze: IBU (Bittereinheiten):

Größe/Gebinde: Preis:

Bewertung (1-6):

Notizen:

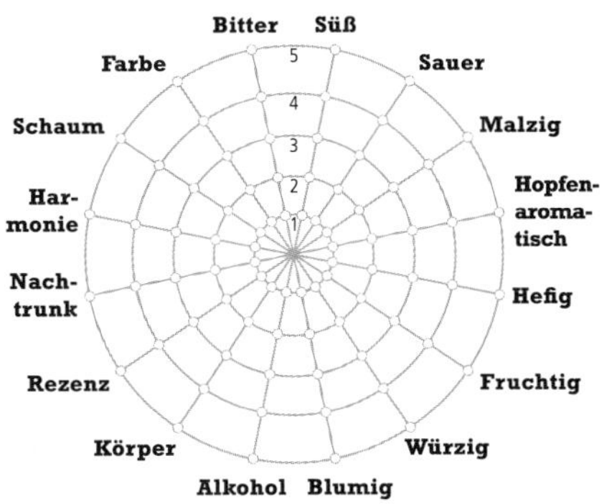

Name des Biers:

Brauerei:

Bierstil: Vol.% Alk.:

Stammwürze: IBU (Bittereinheiten):

Größe/Gebinde: Preis:

Bewertung (1-6):

Notizen:

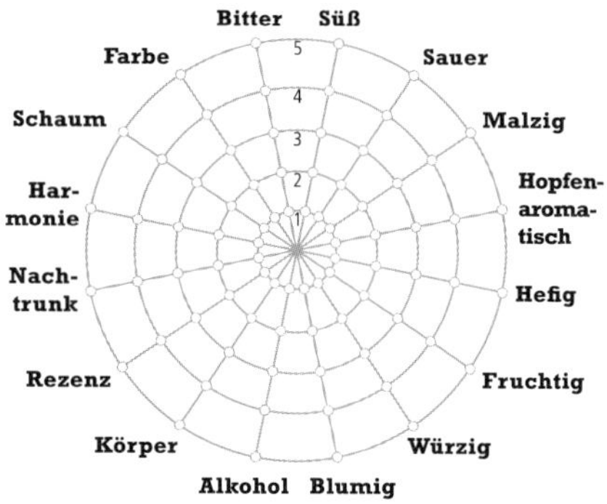

Name des Biers:

Brauerei:

Bierstil: Vol.% Alk.:

Stammwürze: IBU (Bittereinheiten):

Größe/Gebinde: Preis:

Bewertung (1-6):

Notizen:

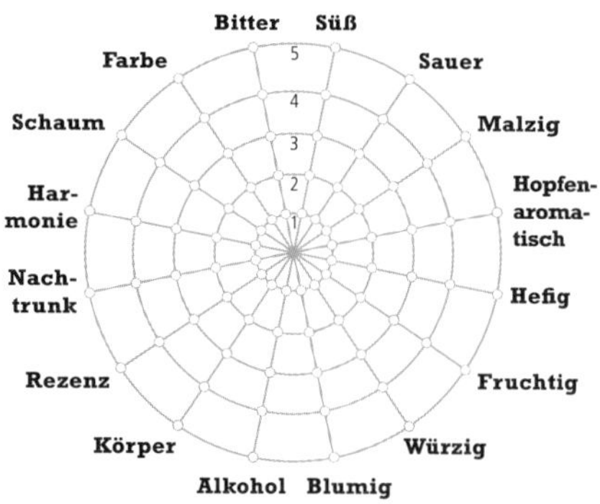

Name des Biers:

Brauerei:

Bierstil: Vol.% Alk.:

Stammwürze: IBU (Bittereinheiten):

Größe/Gebinde: Preis:

Bewertung (1-6):

Notizen:

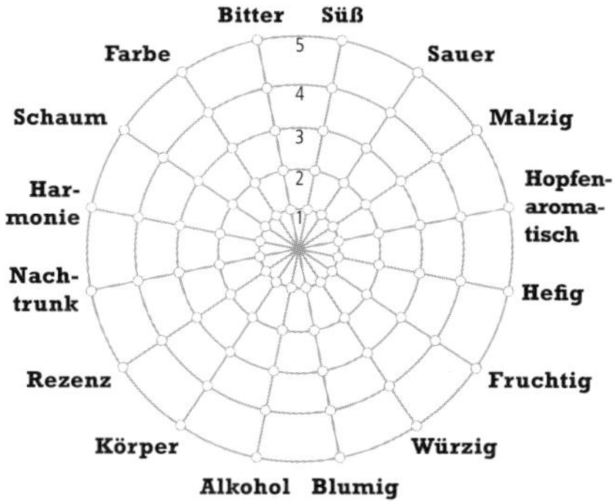

Name des Biers:

Brauerei:

Bierstil: Vol.% Alk.:

Stammwürze: IBU (Bittereinheiten):

Größe/Gebinde: Preis:

Bewertung (1-6):

Notizen:

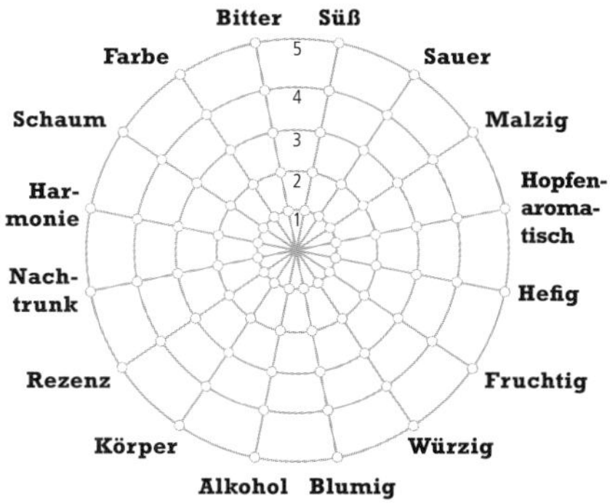

Nüchtern betrachtet

Kein Bier vor Vier. Ein perfektes Pils wird in sieben Minuten gezapft. Alkoholfreies Bier ist das ultimative Sportgetränk. Dunkles Bier ist stärker als helles, etc. Um den Genuss von Bier ranken sich zahllose Sprüche, die bei Bedarf gerne zitiert werden und sich hartnäckig wie Mythen halten. Wie viel Wahrheit steckt in ihnen? Wir haben sieben der gängigsten Redensarten unter die Lupe genommen.

Bier auf Wein, das lass sein

Ob Bier auf Wein oder Wein auf Bier, beide Varianten des Spruchs werden gerne erwähnt, sollte ein Wechsel der Getränke anstehen. Ein gut gemeinter Rat, damit es am nächsten Morgen nicht zu Kopfweh oder Übelkeit kommt. Doch aus ernährungswissenschaftlicher Sicht hat nicht die Reihenfolge der Getränke, sondern der Alkoholkonsum insgesamt einen entscheidenden Einfluss auf das Wohlbefinden. Also Genuss statt Übermaß. Seine Wurzeln hat der Trinkspruch nicht in der Wissenschaft, sondern im Mittelalter. Bier und Wein machten damals die sozialen Unterschiede deutlich. Der Rebensaft war der elitären Oberschicht vorbehalten, der Gerstensaft für das einfache Volk vorgesehen. Tja, damals gab es ja auch noch kein 400-Dollar-Edelbier namens „Utopias“...

Kein Bier vor vier

Es soll ja Uhren geben, die ausschließlich Vieren auf dem Ziffernblatt stehen haben. Sie dienen meist als Dekoration uriger Partykeller mit Holzpaneelen an den Wänden und sind auch ein zeitloses Geschenk der Kegeltruppe zum 40. Geburtstag. Die Herkunft von „Kein Bier vor vier" ist und bleibt jedoch ein Mysterium. In Bayern ist diese Regel mit dem Weißwurstfrühstück mit Weißbier, das keinesfalls nach 12 Uhr mittags stattfinden darf, sowieso außer Kraft gesetzt. Abhilfe schafft übrigens auch die Webseite www.kannmanumdieuhrzeitschonnbierchentrinken.de. Dort lässt sich prüfen, ob es schon Bier o'clock ist. Bier reimt sich ja auch wirklich schön auf vier – vielleicht ist ja das der ganze Zauber hinter dem Spruch...

Schlummertrunk

Ein Bier zur Nacht – gilt als ein althergebrachtes Ritual, das sich nicht nur auf den puren Biergenuss nach einem anstrengenden Tag zurückführen lässt. Die Wirkung ist dem Hopfen zuzuschreiben, der nicht nur für Aromenvielfalt sorgt, sondern auch eine Allianz mit dem Sandmann eingegangen sein soll, so munkelt man. Hopfen wird eine entspannende Wirkung nachgesagt. Er soll eine ähnliche Wirkung wie das körpereigene Schlafhormon Melatonin haben. Zum täglichen Schlummertrunk darf ein Glas Bier gleichwohl nicht werden. Entspannt indes dürfen sich ruhelose Geister auf ein mit Hopfen gefülltes Baumwollkissen betten und begleitet von Doldenduft ins Land der Träume ziehen.

Dunkles Bier ist stärker

Auch beim Bier darf man sich nicht von Äußerlichkeiten blenden lassen, auf die inneren Werte kommt es an. Selbst ein Bier hat schließlich Gefühle – ähhh, Gemalze. Grundsätzlich gibt es nämlich keinen Zusammenhang zwischen Farbe und Alkoholgehalt des Bieres. Dieser Mythos ist falsch. Wie dunkel ein Bier ist, hängt vom Malz ab, das für das Brauen verwendet wurde. Dunkel- und Röstmalze sorgen für eine intensive Färbung und bringen röstige, kaffee- oder schokoladenartige Aromen mit. Den Alkoholgehalt des Bieres verändern sie aber nicht automatisch. Also, statt auf die Farbe, besser auf das Etikett schauen oder einfach den Barkeeper fragen.

Das perfekte Pils in sieben Minuten

Von ach so schlauen Gästen dürfen sich das die Wirte in einer Art Dauerschleife anhören: Ein perfektes Pils wird in sieben Minuten gezapft. Oder nennen wir die Besserwisser lieber Nostalgiker, denn diese Mär ist vermutlich den technischen Standards früherer Zapfanlagen entsprungen. Heute kann und sollte ein frisches Bier in maximal zwei Minuten und in zwei Zügen gezapft werden. Durch zu langes Zapfen geht dem Bier Kohlensäure verloren, es wird schal und warm. Die sieben Minuten sind also ein echter Geschmackskiller. Für den vollen Biergenuss sollte ein sauberes, kalt ausgespültes Glas schräg gehalten und zu etwa zwei Dritteln angezapft werden. Dann wird das Bier kurz abgestellt und schließlich mit dem kunstvollen Aufsetzen der Schaumkrone vollendet.

Ultimatives Sportgetränk

Ob Skipiste oder Marathon, wo Ausdauer gefragt ist und sich (Hobby-) Athleten den Schweiß von der Stirn wischen, ist eins nicht weit – das Werbebanner für alkoholfreies Weißbier, das dem Sportler suggeriert: Nichts anderes schmeckt jetzt besser und ist so gesund. Ganz ohne Prozente sorgt es tatsächlich für einen gesunden Ausgleich des Flüssigkeitsverlusts und liefert den Sportlern wertvolle Kohlenhydrate, die zuvor in den Körperzellen verbrannt wurden – perfektes Timing also für den Nachschub. Schließlich muss sich der Körper nach der Anstrengung erstmal um die Mikroverletzungen in den Muskeln kümmern, die für Muskelkater sorgen. Die alkoholfreie Variante nach dem Sport ist deshalb von Vorteil, damit nicht der Alkoholabbau im Vordergrund steht. Zudem wollen doch alle sicher von der Piste kommen.

Sieben Bier sind eine Mahlzeit

Ob es sich um schlanke Kölschstangen oder wuchtige Maßkrüge handelt, die mit einer Mahlzeit aufgewogen werden, bleibt bei dem Mythos „Sieben Bier sind auch eine Mahlzeit" unklar. Einigen wir uns mal auf sieben große Pils à 0,5 Liter. 100 Milliliter dieses Bierstils enthalten ungefähr 43 Kilokalorien, macht in der Summe 1.505 Kilokalorien. Das sprengt deutlich den Rahmen einer Mahlzeit, die sich durchschnittlich zwischen 600 und 800 Kilokalorien bewegen sollte – vom Alkohol ganz abgesehen. Figurtechnisch ist es kein guter Tauschhandel, zumal es nicht „nur" beim Bier bleiben wird. Der enthaltene Hopfen kann Appetit machen, und schnell ist die Chipstüte leer. Die smarte Variante sind sieben Biere, die man sich zu dritt teilt. Das siebte Bier landet in einer Biersuppe mit zarter Käsehaube und kräftigem Malzbrot.

A-Z – Die 100 besten Bier-Bars

A-Z – Die 30 besten Bier-Shops

IMPRESSUM

Meiningers CRAFT Bier-Bars Pubs, Bars, Restaurants – die 100 besten Craftbier-Lokale in Deutschland

Marika Schiller und Benjamin Brouër

1. Auflage

Neustadt an der Weinstraße
MEININGER 2018

www.meininger.de

Zuschriften an:
craftbierbars@meininger.de

AUTOREN
Marika Schiller (verantw.), Benjamin Brouër (verantw.), Claudia Doyle, Caroline Hennemann, Mareike Hasenbeck, Matthias Kliemt, kommunikation.pur

COVER UND LAYOUT
Patrick Rubick, Steffen Heppes

TITELFOTO
Sabrina Weniger

ILLUSTRATIONEN
Katja Schiller

Printed in Germany
ISBN 978-3-87524-219-5